Carlos Moreno, *Die 15-Minuten-Stadt*

Carlos Moreno wurde 1959 in Kolumbien geboren und lebt heute in Frankreich. Er lehrt als außerordentlicher Professor am IAE der Pariser Universität Pantheon-Sorbonne und ist Mitbegründer und wissenschaftlicher Leiter des Lehrstuhls ETI (Entrepreneurship Territory Innovation). Der Forscher und Experte für moderne Stadtplanung ist international bekannt für seine bahnbrechenden Arbeiten zu nachhaltigen Städten. So entwarf er 2006 das Konzept der »sustainable digital city« und prägte 2015 auf der UN-Klimakonferenz in Paris das Konzept der »15-Minuten-Stadt«, welches im UN-HABITAT World Cities Report 2022 empfohlen und von der Pariser Bürgermeisterin Anne Hidalgo zur tragenden Säule ihrer zweiten Amtszeit erklärt wurde. Moreno erhielt zahlreiche Auszeichnungen, u. a. wurde er zum Chevalier de l'Ordre de la Légion d' Honneur ernannt.

Carlos Moreno

Die 15-Minuten-Stadt

Ein Konzept für lebenswerte Städte

Mit einem Vorwort von Richard Sennett
und einem Nachwort von Saskia Sassen

Aus dem Französischen übertragen
von Bettina Seifried

Alexander Verlag Berlin

Alexander Verlag Berlin –
unabhängiger Verlag seit 1983

Der Verlag dankt Michael Kraus für seine Hilfe.

Die Originalausgabe erschien unter dem Titel
Droit de cité. De la ville-monde à la ville du quart d'heure

Diese deutsche Erstausgabe wurde von Carlos Moreno leicht aktualisiert.

Alexander Wewerka, Fredericiastr. 8, D-14050 Berlin
www.alexander-verlag.com · info@alexander-verlag.com

Satz und Gestaltung: Antje Wewerka
Umschlagzeichnung: © by Micaël Queiroz. www.micaeldessin.com
ISBN 978-3-89581-621-5
Printed in the EU (January) 2025

Inhalt

7 **Vorbemerkung**

20 **Vorwort**
von Richard Sennett

22 **Einführung**
Stadtrecht und Existenzrecht

29 **1 – Lebendige Stadt**
Stadt als Lebensraum – gestern, heute, morgen

45 **2 – Herausforderung Klimakrise**
Stadt und Großstadtleben in Zeiten des Klimawandels

64 **3 – Urbane Komplexität**
Die multiple Stadt – unvollendet, unvollkommen, fragil

79 **4 – Recht auf Stadtleben**
Vom Recht auf Stadt zum Recht, in der Stadt zu leben

98 **5 – Nachhaltige Metropolen**
Nichts ist nachhaltiger als die Stadt

116 **6 – Stadt der Nähe auf dem Prüfstand**
Die 15-Minuten-Stadt

134 **7 – Die großen Veränderungen**
Metropolisierung, Globalisierung und ländliche Region

148 **8 – Auf dem Weg zur ubiquitären Stadt**
Technologie im 21. Jahrhundert – vernetzte Urbanität

163 **Ausblick**
Vielversprechende Ansätze rund um den Globus

173 **Nachtrag**
Und in Zukunft?

177 **Nachwort**
von Saskia Sassen

180 **Dank**

183 **Anmerkungen und Quellen**

Vorbemerkung

Liebe Leserin, lieber Leser,

die Grundidee des mittlerweile weltweit eingeführten Konzepts der *15-Minuten-Stadt* ist so einfach wie folgenreich: Alle Stadtbewohner sollen die Möglichkeit erhalten, ihre alltäglichen Grundbedürfnisse im Nahbereich und über kurze Entfernungen zu Fuß, mit dem Fahrrad oder anderen umweltfreundlichen Mobilitätsmitteln zu erledigen. Um dies in einem angemessenen Radius zu gewährleisten, braucht es polyzentrisch strukturierte Städte. Der Ansatz gründet auf meiner Überzeugung, dass bürgernahe Versorgung, sozial und funktional gemischte Quartiere, Mehrfachnutzung von Gebäuden und Flächen sowie weniger Abhängigkeit vom Auto die Schlüsselfaktoren sind, um unsere Städte lebenswerter, menschenwürdiger und weniger fragmentiert zu gestalten, gerade angesichts der drängenden Frage, wie wir trotz Klimawandel unser Überleben auf dem Planeten Erde sichern wollen.

Seit über achtzig Jahren leben wir in Großstädten, die sich immer weiter ausdehnen, zerklüften, sich in funktionale Zonen gliedern und aufspalten. Der Arbeitsort liegt getrennt vom Wohnort; es gibt wohlhabende Gegenden, Mittelklassequartiere und Arbeiterbezirke, Problem- und Elendsviertel, Verwaltungszonen, historische Zentren, Einkaufszentren und dergleichen mehr. Und seit über achtzig Jahren nehmen wir die Zerklüftung unserer städtischen Umgebung als unvermeidliche Tatsache hin, akzeptieren lange Anfahrtswege, weite Entfernungen, und opfern unsere wertvolle Lebenszeit dem täglichen Hin und Her, anstatt sie unserer Familie, den Freunden und unserem Wohlbefinden zu widmen. Wir finden es völlig normal, eine, manchmal zwei Stunden am Tag allein für Fahrtzeiten zwischen verschiedenen Orten in der Stadt aufzubringen, oft unter misslichen Bedingungen. Denn wir bestehen auf der Freiheit, jede(r) für sich allein in immer größeren, die Umwelt verpestenden Privat-Pkws jeden Tag aufs Neue im Stau stecken bleiben zu dürfen.

Die hier vorgestellten Konzepte der »15-Minuten-Stadt« (oder »Viertelstunden-Stadt«) bzw. der »30-Minuten-Region« (oder »Region der halben Stunde«) zielen deshalb ab auf Dezentralisierung, Dekarbonisierung und Verkehrsentlastung zur Schaffung von polyzentrisch strukturierten und multifunktionalen städtischen und ländlichen Räumen.

Das Konzept einer Stadt oder Region mit vielen kleineren Zentren wird unter dem Stichwort der funktionalen und sozialen Vielfalt bereits an vielen Orten verfolgt. Die Schaffung von vielen Stadtteilen mit Sozial- und Mietwohnungen und attraktivem Wohnraum für die Mittelschicht fördert eine sozial gemischte Bevölkerungsstruktur. Dennoch ist die Frage von Wohn- und Mietangeboten nicht allein entscheidend. Parallel dazu muss ein verdichteter Aktionsradius im Nahbereich entstehen mit Arbeitsplätzen, leicht erreichbaren Geschäften und Handwerksbetrieben, medizinischer Versorgung, kulturellen Angeboten und so fort, die zu Fuß, mit dem Fahrrad oder öffentlichen Nahverkehr aufgesucht werden können, um nicht mehr vom privaten Pkw abhängig zu sein. Ziel ist es, die zurückgelegten Wege und Fahrtzeiten im Alltag zu verringern und die Mittel der Mobilität frei wählen zu können.

Mehr sozial und funktional gemischte Stadtteile erhöhen die urbane Vielfalt und wirken der Segregation in verschiedene, monofunktionale Zonen entgegen. Sie erlauben den Anwohnern, sämtliche Verrichtungen des täglichen Bedarfs im Nahbereich zu erledigen, wann sie wollen. Eine solche Entwicklung wäre zudem ein großer Schritt dahin, das 1,5-Grad-Ziel des

Pariser Klimaabkommens der Vereinten Nationen von 2015 noch einhalten zu können.

Bisweilen wird unterstellt, die Viertelstunden-Stadt bedeute ein Zurück ins letzte Jahrhundert, zu einem Leben in dörflichen Strukturen. Doch dieses Leben damals stand weder unter den Vorzeichen einer Klimakatastrophe, noch gab es Internet und digitale Technologie. Deshalb hinkt der Vergleich, obwohl unser Konzept durchaus auf unmittelbare Nähe, Nachbarschaft und auf Geschäfte und Läden an möglichst jeder Ecke sowie sichere Straßen für unsre Kinder abzielt. Doch im 21. Jahrhundert werden »kurze Wege« nicht mehr allein in Metern gemessen. Dank Digitalisierung und Internet, innovativer Anwendungen und webbasierter Dienstleistungen entstanden neue Formen der Nähe und »hybride Proximitäten«, die anders strukturiert sind als im Dorfleben von einst.

Nähe, Austausch und Begegnungen sind heute auch mit weit entfernten Menschen am anderen Ende der Stadt, in anderen Ländern und über die Meere hinweg möglich. Die Nähe-Verhältnisse wurden revolutioniert. Diese Revolution führte nicht nur zu einem Wandel unserer Lebensweise, sondern auch zu veränderten Vorstellungen von gelebter Nachbarschaft und Stadtteilleben. Sie strukturierte unser Leben auf völlig neue Weise und ermöglichte die Schaffung neuer Arbeitsräume, welche die großen Zeitfresser der Gegenwart – erzwungene, zeitraubende, zermürbende Fahrtwege – bremsen, die allzu häufig der Grund für unsere berufliche Unzufriedenheit darstellen, weil wir das Gefühl nicht loswerden, dass unser Familienleben und unsere individuelle Entfaltung dadurch zu kurz kommen. Durch diese neuen Formen der Arbeit bleibt uns mehr Zeit für unsere Nächsten, für Freizeitaktivitäten und Aufenthalte in der Natur, die wir so wieder zu schätzen lernen. Die »Revolution der Nähe« steht deshalb auch für die Begrünung unserer urbanen Umgebung, für eine Verringerung unseres CO_2-Fußabdrucks, für Anpassung und Widerstandsfähigkeit angesichts des Klimawandels und für den Schutz unserer Wasserressourcen. Im Kern humanistischen Werten verpflichtet, weist diese Revolution jedoch über ein in Metern messbares Verständnis von Nähe hinaus. Grundsätzlich geht es darum, ein Bewusstsein für eine auf menschliche Bedürfnisse abgestellte, andere Form des Städtebaus zu schaffen, die eine dringend nötige Neuausrichtung unserer Lebensweise ermöglicht und den Menschen, aber auch den Schutz unseres Planeten ins Zentrum rückt.

Die digitale Revolution und die Entwicklung des Internets, die netzbasierte Echtzeitkommunikation erlauben, führten zu viel Technikoptimismus und erzeugten rasch die Illusion, dass komplexe Probleme wie etwa die Verbesserung von Lebensqualität in Großstädten auch technisch gelöst werden könnten. Große Tech-Konzerne haben diese Idee gekapert, um neue Geschäftsmodelle zu entwickeln, die unter dem Stichwort »intelligente Stadt« oder Smart City gut ankommen. Diese Labels funktionieren heute als eine Art Gütesiegel nach dem Motto »Die Installation von intelligenten Ampelsystemen löst jedes Verkehrsproblem, und die Entwicklung selbstfahrender Autos entlastet die Fahrer im Verkehr«. Das ist deshalb illusorisch, weil Verkehrsinfarkte und Staus weder von Ampelschaltungen noch von der »Intelligenz« der Fahrzeuge abhängen. Die eigentliche Frage ist, warum wir uns ständig über so weite Strecken hinweg fortbewegen und warum so viele Menschen immer wieder zur selben Zeit mit dem eigenen Pkw herumfahren müssen. Und dieses Problem lässt sich nicht technisch lösen, sondern nur durch die Klärung der zentralen Fragen: »Aus welchem Grund bin ich ständig auf der Straße unterwegs? Und muss ich für eine Strecke von vier oder fünf Kilometern wirklich mein Auto nehmen?« Es gilt, die Mobilitätspyramide auf den Kopf zu stellen und endlich den Fußgängern, Radfahrern, dem öffentlichen Nahverkehr und der E-Mobilität in den verdichteten Kernzonen der Großstädte Vorfahrt zu gewähren. Privatautos, besonders Dieselverbrenner, gehören aus diesen Zonen verbannt. Die Idee der »intelligenten Stadt« mit smartem Verkehrsmonitoring ist auch gescheitert, weil sie ihr großes Versprechen (der Verkehrsentlastung) nie halten konnte. Es bedarf dazu nämlich eines menschenzentrierten, holistischen Konzepts, das auch den Klimawandel und entsprechende Anpassungsmaßnahmen mitdenkt.

Die Grundlage für eine verbesserte Lebensqualität in der Großstadt sind angemessen verteilte, dezentral angelegte, vielfältige Dienstleistungsangebote und ein Bürgerservice in unmittelbarer Nähe des Wohnorts und Lebensmittelpunkts. Deshalb ist die strukturelle Förderung des Einzelhandels, kleiner Handwerksbetriebe und (Micro-)Dienstleister im Bereich Medizin, Kultur, Bildung, Unterhaltung und Sport im lokalen Umfeld von entscheidender Bedeutung. Nur so werden lange Wege hinfällig und der Umstieg vom Auto aufs Rad erleichtert. Zur Rettung unseres Planeten ist eine Umstellung unserer Lebensweise nötig, die jedoch mit der Verbesserung unserer individuellen Lebensqualität einhergeht, wobei neue Formen der Arbeit viele lange, unnötige Wegstrecken mit dem Pkw einsparen.

In Südamerika, einem Kontinent, der mir aus persönlichen wie beruflichen Gründen bestens vertraut ist, wird in den meisten Millionenstädten die Hälfte der Fläche von informellen Ansiedlungen beansprucht, (Elends-)Quartieren, in denen Vertriebene aus ländlichen Regionen in großer Zahl hausen, weil sie vom falschen Versprechen eines besseren Lebens in der Stadt angelockt wurden. Lateinamerikanische Städte sind in hohem Maße fragmentiert und segregiert in moderne, wohlhabende Stadtteile, gesäumt von Wolkenkratzern, in denen Führungskräfte und Teile der Mittelschicht gut dotierten Jobs nachgehen. Diese Bezirke befinden sich in der Regel im Norden der

Stadt, während der ärmere Teil der Bevölkerung häufig in den südlich gelegenen Vierteln lebt, an die sich die Favelas und Slums anschließen. [In Mitteleuropa gibt es traditionell ein West-Ost-Gefälle, was mit den vorherrschenden Westwinden zusammenhängt. A. d. Ü.]

Bei meinen Besuchen in diesen unterprivilegierten städtischen Quartieren versuche ich immer wieder zu erklären, dass es sich bei der Idee der 15-Minuten-Stadt nicht um die strikte Einhaltung eines zeitlichen Radius dreht, es geht nicht um die Frage, ob es nun genau zehn, fünfzehn oder zwanzig Minuten dauert, um zum Ziel zu gelangen. Nicht die Minutenzahl, sondern der Anspruch auf einen nah erreichbaren Zugang zu allen wichtigen Grundleistungen im Alltag ist ausschlaggebend. Dazu gehört der Anspruch auf eine angemessene Unterkunft und einen Arbeitsplatz zu bestmöglichen Bedingungen (was gute Erreichbarkeit einschließt), Einkaufsmöglichkeiten und ausreichend medizinische Versorgung und Gesundheitsvorsorge in der Nachbarschaft, Bildungs- und Freizeitmöglichkeiten sowie öffentliche Plätze, die so gestaltet sind, dass sie zu Begegnungen einladen und als Treffpunkte für die Anwohner dienen. Nichts davon, so erfahre ich dann immer wieder, entspricht der Lebenswirklichkeit der Bewohner solcher Armutsviertel. Die Umsetzung des Konzepts der 15-Minuten-Stadt verspricht deshalb nichts Geringeres als ein menschenwürdiges Leben in der Großstadt. Dies muss mit aller Dringlichkeit an die Stadtpolitik herangetragen werden, weshalb ich Bürgermeisterinnen und Bürgermeister stets ermutige, zuerst in diese Bezirke zu gehen, um das direkte Gespräch mit den Bewohnern zu suchen und auf ihre Bedürfnisse zu hören. Daraus könnte sich ein konstruktiver städtebaulicher Dialog entwickeln.

Henri Levebvres bereits in den 1960er Jahren postuliertes »Recht auf Stadt« geht im 21. Jahrhundert weit über die Forderung nach angemessenem Wohnraum hinaus. »Wohnen« bedeutet nicht nur, ein Dach über dem Kopf zu haben, sondern den städtischen Raum, das urbane Wohnumfeld im wahrsten Sinn des Wortes zu »bewohnen«, sich in diesem »Wohn-Raum« einzurichten und heimisch und wohl zu fühlen. Eine angemessen vielfältige Grundversorgung im Nahbereich sowie sozial und funktional gemischte Quartiere sind dafür die unabdingbaren Voraussetzungen.

Als leidenschaftlicher Verfechter einer auf »gelingender Nähe« und Nachbarschaft basierenden Urbanität lade ich nun alle Leserinnen und Leser ein, die hier vorgestellten Grundideen der 15-Minuten-Stadt und der 30-Minuten-Region in weniger dicht besiedelten Landesteilen auszuloten und sich zu fragen, wie es wäre, wenn dieses Konzept, fußend auf vielseitigen Dienstleistungen in allen wichtigen Lebensbereichen, Mehrfachnutzung von Gebäuden, Stärkung der sozialen Infrastrukturen und einem Wandel des Takts und der zeitlichen Abläufe im städtischen Raum, verwirklicht würde. Nur gemeinsam können wir die Transformation hin zu mehr Lebensqualität in unseren Großstädten vorantreiben und menschenwürdige urbane Räume gestalten. Die 15-Minuten-Stadt kündigt einen Paradigmenwechsel im Hinblick auf großstädtische Lebensweisen an, die Klima- und Umweltschutz, Vernetzung und Verkehrsentlastung in den Mittelpunkt rücken und enge, positive Bezüge zur unmittelbaren Nachbarschaft und Engagement für die urbane Umgebung fördern.

Nach der Corona-Pandemie, dem Angriffskrieg auf die Ukraine, mit der Energiekrise und der hohen Inflation stieg auch das Bewusstsein, wie verwundbar und in vielerlei Hinsicht schlecht aufgestellt unsere Metropolen sind. Dennoch bewahrheitete sich ein umfänglicher Verlust von wirtschaftlicher Produktivität etwa durch Entwicklungen wie Homeoffice und neue hybride Arbeitsformen nicht. Die hundertprozentige Anwesenheitspflicht am auswärtigen Arbeitsort scheint obsolet geworden zu sein. Die Generation der Menschen zwischen

20 und 40 favorisiert in zunehmendem Maß hybride Arbeitsformen, die nur eine gelegentliche Anwesenheit im Büro erfordern und genügend Spielraum für Telearbeit bieten, was Ansprüche auf einen bequemen Zugang zu Grunddiensten in kurzer Entfernung weiter befördert, aber auch unnötig lange Fahrten zum Arbeitsplatz einspart. Dezentral und über den ganzen Stadtraum verteilt entstehen neue »Coworking Spaces«, und Akteure aus der Privatwirtschaft setzen immer häufiger auf Misch- und Umnutzung und Multifunktionalität ihrer bislang strikt als Bürogebäude genutzten Immobilien. Allein in Frankreich ging die Höhe der Investitionen in Gewerbeimmobilien im 3. Quartal 2023 um 74% zurück im Vergleich zum selben Quartal des Vorjahres.

Auch die Frage der Energieabhängigkeit von Öl und Gas steht mit den Multikrisen zunehmend auf dem Prüfstand. Internationale Konflikte zeigen immer wieder, wie brüchig Lieferketten sein können und verweisen auf die Notwendigkeit der Rückverlagerung von Produktion und Wertschöpfung ins Inland, um die Transportwege kurz zu halten und sich unabhängig von internationalen Zulieferern zu machen. Auch dies führt zu einer Stärkung der lokalen Wirtschaft und der Widerstandsfähigkeit gegenüber Störungen von außen.

Nicht zuletzt setzen europaweite Pläne zur Förderung des Radverkehrs, der Ausbau des öffentlichen Nahverkehrs, Carsharing-Modelle und Sammeltaxis verstärkt auf einen zunehmenden Verzicht aufs Privatauto als Beitrag zum Klimaschutz, aber auch zur Schonung des eigenen Geldbeutels.

Vor dem Hintergrund der vielen Krisen der Gegenwart erfährt das Konzept der 15-Minuten-Stadt einen internationalen Aufschwung als holistisch ansetzendes, praktikables Modell, das im richtigen Moment (»Kairos«) eine Anleitung zum Wandel genau jenes Bereichs anbietet, in dem weltweit die meisten Menschen leben: dem urbanen Raum. Dabei geht es nicht nur um eine Verringerung der Entfernungen zwischen Wohn- und Arbeitsort, sondern generell um Anpassungsmaßnahmen und systemische Lösungen vor dem Hintergrund des Klimawandels. Weniger mit dem Auto zu fahren, bedeutet weniger Treibhausgasemissionen, bessere Luft und Umweltschutz. Dazu fördert der Verzicht lokale Strukturen, das Gewerbe vor Ort, die Nutzung rasch erreichbarer medizinischer und kultureller Einrichtungen in der Nachbarschaft und die Aufwertung von öffentlichen Plätzen als Treffpunkte und Begegnungsorten. Auf ganzheitliche Weise wird die Stadt somit widerstandsfähiger gegenüber den Herausforderungen des Klimawandels und der zunehmenden Erderwärmung.

Auch angesichts der angespannten geopolitischen Gemengelage empfiehlt sich unser Konzept als geeigneter stadtplanerischer Hebel zur wirtschaftlichen, sozialen und ökologischen Wende. Nach dem »Triumph der Stadt«, den der Ökonom Edward Glaeser[1] sowie die Soziologin Saskia Sassen[2] für die vergangene Epoche feststellten, scheint nun der Kairos-Moment für eine »Stadt der Nähe« gekommen. Aus »off-shore« wird »near shore«. Öffentliche Gebäude wie Schulen, aber auch private Gewerberäume, die oft zu 60 % der Zeit leer stehen, weil sie nur eine Funktion erfüllen, sollten sich Konzepten der Mehrfachnutzung öffnen. Eine Diskothek könnte so nachmittags zum Sporttempel für Zumba- oder Salsakurse werden, der Schulhof könnte sich am Samstag zum Marktplatz im Viertel wandeln.

Noch unter dem Schock weltweiter Lockdowns in der Corona-Pandemie hielt die Idee der 15-Minuten-Stadt und der »gelingenden Nähe« Einzug in die Agenda der im April 2020 gegründeten *C40 Global Mayors COVID-19 Recovery Task Force*[3], und die Pariser Bürgermeisterin Anne Hidalgo erklärte sie zur tragenden Säule ihrer zweiten Amtszeit. Mailands Bürgermeister Giuseppe Sala formulierte explizit die Absicht, allen Bewohnerinnen und Bewohnern Grunddienste zu garantieren, die fußläufig erreichbar sind, um nach dem Lockdown fortan unnötige Fahrten mit dem Pkw zu vermeiden und damit einhergehende CO_2-Emissionen und Umweltverschmutzung einzudämmen. Bürgermeister von Millionenstädten rund um den Globus schlossen sich der Idee an und nutzen das Modell, um ihre Städte grüner, resilienter und damit fit für die Zukunft zu machen.

Seitdem ist noch mehr geschehen:

- die WHO[4] empfahl im Dezember 2020, dass Großstädte das Konzept der 15-Minuten-Stadt verstärkt nutzen, um allen Bewohnern die fußläufige Erledigung von Grunddiensten und -bedürfnissen in diesem Zeitrahmen zu ermöglichen, einschließlich des Zugangs zu grünen, blauen und anderen naturnahen Zonen«.
- Das Zwischenstaatliche Expertengremium für Klimaveränderungen IPCC[5] verweist in einem Arbeitspapier vom April 2022 darauf, dass »eine gelungene Umsetzung des Konzepts der ›15-Minuten-Stadt‹ bis 2050 den Energieverbrauch in Großstädten um 20–25 % senken kann.«[6]
- Im Oktober 2021 wurde ich mit dem renommierten OBEL AWARD der dänischen Henrik Frode Obel Foundation geehrt, denn die Jury befand: »Die Viertelstunden-Stadt ist das richtige Projekt zum richtigen Zeitpunkt und hat den Preis mehr als verdient.«
- Die internationale Organisation *United Cities and Local Governments* (UCLG)[7] nahm das Konzept in den »Pakt für die Zukunft der Menschheit« auf, an dem ich mitarbeiten konnte und der auf der Generalversammlung im Oktober 2022 im südkoreanischen Daejeon verabschiedet wurde.[8]
- Die Umsetzung des Konzepts der 15-Minuten-Stadt gehört zu den sechs wichtigsten Empfehlungen von UN-HABITAT[9] im World Cities Report 2022.[10]

– Auf der zweiten Generalversammlung von UN-HABITAT im Juni 2023 im kenianischen Nairobi durften mein Team von der IAE Paris-Sorbonne Business School und ich gemeinsam mit der Organisation UCLG und dem Netzwerk *C40 Cities*[11] unseren globalen Monitor[12] für nachhaltige städtebauliche Nähe-Modelle vorstellen, um die stetig wachsende Bewegung rund um die Vision der 15-Minuten-Stadt besser zu koordinieren und Kräfte zu bündeln.

Über alle Grenzen hinweg schließen sich immer mehr lokale Regierungen und Stadtpolitiker unterschiedlicher Couleurs dieser städtebaulichen Entwicklungsrichtung an, vereint durch die Vision einer nachhaltigen, bürgernahen und dienstleistungszentrierten Stadt, die sie entschlossen vorantreiben. In diesem Kontext sind die Frauen und Männer, die als Bürgermeister den Stadtverwaltungen vorstehen, tatsächlich Vorkämpfer einer neuen Urbanität, in der die Stadt als Motor für Wohlstand, Gleichheit und Nachhaltigkeit fungiert. Die Bewegung zeigt auch, wie der Wille zu Innovation und Kooperation auf globaler Ebene ein machtvolles Bündnis hervorbringen kann und ein einfaches internationales Momentum erreicht, wenn nur genug politisch Verantwortliche für sie einstehen.

Die Vision einer Stadt, in der sanfte Mobilität Vorrang erhält, um uns unabhängiger vom Auto zu machen, in der öffentliche Plätze als Nachbarschaftstreffpunkte zum Verweilen einladen und in der die Betonung klar auf Umweltschutz und Nachhaltigkeit liegt, revolutioniert auch die Art und Weise, wie wir den uns umgebenden urbanen Raum (er-)leben, bewohnen, für uns einnehmen und betrachten.

Paris, Mailand, Portland, Cleveland, Buenos Aires, Sousse, Melbourne, Busan, Pleszew, Saint-Hilaire-de-Brethmas, die Region Île-de-France und ganz Schottland sind bereits dabei, diese Vision umzusetzen, und weitere spannende, inspirierende Initiativen für eine gelingende (Bürger-)Nähe in der Stadt wollen sich anschließen.

Unser frei zugänglicher, mehrsprachiger globaler Monitor – »15-Minute City Initiative Explorer« – ist auch ein wunderbares Rechercheinstrument, um stadtpolitische und städtebauliche Richtungsentscheidungen, Programme und Projekte von unterschiedlichen Städten in aller Welt zu erkunden und die zahlreichen urbanen Entwicklungen hin zu mehr Nachhaltigkeit, Nähe und bequemer Erreichbarkeit sichtbar zu machen. Doch das ist noch nicht alles. Der Explorer benennt auch stützende strukturelle Maßnahmen aus der Politik, ohne die viele Aspekte des hier vorgestellten städtebaulichen Konzepts der 15-Minuten-Stadt nicht realisierbar wären: Das reicht von infrastrukturellen Investitionen etwa in den Nahverkehr, Verordnungen und Maßnahmen, die dazu beitragen, die Abhängigkeit vom Pkw verringern, steuerlichen Anreizen, die den Wohnungsbau im Sinne der neuen Nähe begünstigen u. a. m.

Doch auf übergeordneter Ebene geht es stets um:

- die Stärkung von Kreislaufwirtschaft und die Schaffung von Räumen, die Näheverhältnisse zwischen den Anwohnern und am Lebensmittelpunkt begünstigen. In dieser Hinsicht spielen Parks, öffentliche Plätze, Straßenmärkte und ein einladendes Quartiersumfeld eine entscheidende Rolle als Begegnungsorte, an denen im Herzen der Stadt soziale Kontakte geknüpft werden können.
- eine Wende hin zur lokalen Wirtschaft und einer lebendigen Gewerbelandschaft in den Stadtteilen durch Förderung des Einzelhandels und handwerklicher Betriebe vor Ort. Kurze Wege und direkte Lieferketten auch zwischen (regionalen) Produzenten und Konsumenten verringern nicht nur Entfernungen, sondern schonen auch die Umwelt.
- die harmonische Einbeziehung der natürlichen Umwelt in den Städtebau mit vielen Grünflächen, Gemeinschaftsgärten und Begrünungsprojekten im gesamten urbanen

Raum unter Berücksichtigung des ökologischen Gleichgewichts, um unsere Städte nachhaltiger und lebenswerter zu gestalten.

Die Vision der 15-Minuten-Stadt gründet auf dem weit in die Geschichte reichenden intellektuellen Vermächtnis vieler Vordenker und Experten über alle geografischen und historischen Grenzen hinweg, auf deren Spuren wir uns nun für die zukünftige Gestaltung des urbanen Raums einsetzen, bei der Bürgernähe und Nahversorgung, Nachhaltigkeit und ein harmonisches gesellschaftliches Miteinander im Alltag die zentralen Säulen bilden. Mit dieser humanistischen Vision von Stadt wollen wir einen Beitrag leisten zur Gestaltung des Urbanen, die den Wünschen und Bedürfnissen derer Rechnung trägt, die in den Metropolen des 21. Jahrhunderts wohnen.

Carlos Moreno, Mai 2024

Richard Sennett

Vorwort

Carlos Moreno stellt uns hier einen neuen Ansatz in der Stadtplanung vor, der Hoffnung macht im Hinblick auf die zukünftige Entwicklung unserer Städte.

Das Recht auf Stadt ist in seiner Lesart gleichzusetzen mit dem Recht, in der Stadt zu leben, mit dem Recht auf eine lebendige Stadt. Was besagt diese scheinbar schlichte Formel? Im Grunde vor allem dies: Dichte und Distanz müssen eine Entkopplung erfahren. Im Kontext von Stadt ist Verdichtung eine Qualität, Entfernung eine Qual. Dichte erzeugt wirtschaftliche und kreative Agglomerationseffekte. Synergien und Innovation entstehen aus der geballten Kraft verschiedenartiger Akteure, die zusammenarbeiten oder konkurrieren. Das Ganze, das daraus erwächst, ist am Ende größer als die Summe seiner Teile. Dichte bedeutet, dass viele Menschen auf engem Raum zusammenkommen und sich durch ihre Gegenwart wechselseitig beflügeln. Nicht zuletzt ist Dichte auch eine Grundvoraussetzung für Demokratie – man denke an die Agora in der Antike; und auch in modernen Großstädten müssen sich Menschen versammeln, um im Dialog und in der Auseinandersetzung miteinander Lösungen zu finden. Entfernung und Distanz hingegen sind der Makel unserer Städte. Je weiter die Ausdehnung und Segregation fortschreitet, desto größer werden die Ungleichheiten in der Bevölkerung. Wer reich ist, kann sich die besten Lagen und Räume sichern, an denen sich in der Folge nicht nur wirtschaftliche Macht bündelt und homogenisiert, während ärmere Bezirke systematisch vernachlässigt und knappgehalten werden. Große Entfernungen erzeugen eine räumliche Trennung nach Klassen und kulturellen Ethnien, was allzu häufig zu einer Verfestigung von Identitäten und Weltbildern führt. Isoliert voneinander, leben Menschen dann genau dort, »wo sie hingehören«. Und die Möglichkeiten, sich der damit einhergehenden sozialen Kategorisierung zu entziehen, werden immer begrenzter.

In der Moderne erfolgte eine Unterordnung von Dichte zugunsten von Distanz. Carlos Moreno schlägt nun vor, dieses Verhältnis umzukehren. Sein Konzept der 15-Minuten-Stadt betrifft weit mehr als nur die Frage, wie unsere Großstädte für Radfahrer und Fußgänger zugänglicher werden. Es könnte, einmal implementiert, die Machtkonstellationen in den globalen Metropolen zukünftig radikal umkehren, denn die Dezentralisierung von Verdichtung und Verringerung von Distanz befördert die Entwicklung hin zu einer sozial gerechteren Stadt.

Unsere Städte stehen vor komplexen Herausforderungen, und es sind zu viele, um sie durch *das eine* Rezept für Wandel und Wachstum zu bewältigen. Das vorliegende Buch misst die anstehenden Probleme an einer grundlegenden Erfahrung der Menschen in den Metropolen: Leben in der Stadt steht für ein Leben in und mit der urbanen Komplexität und nicht für den Versuch, dieser Komplexität zu entkommen.

Der Soziologe Richard Sennett, geboren 1943 in Chicago, lehrte u. a. an der London School of Economics and Political Science sowie an der New York University; er war Vorsitzender der UN-HABITAT Urban Initiatives Group (UIG) und wurde für seine Arbeit mehrfach ausgezeichnet.

Stadtrecht und Existenzrecht

Beginnen möchte ich mit einer Würdigung des Philosophen Edgar Morin, dessen Ideen und Schriften mich sehr geprägt haben. Im September 2018 hatte ich anlässlich der Vorbereitung einer Tagung zum Thema »La Fabrique de la Ville« [Die Herstellung der Stadt][13] die Gelegenheit, eine bisher unveröffentlichte Rede von ihm mitzuschneiden, in der er über die Komplexität der Stadt und des urbanen Lebens nachdenkt. Mit seiner freundlichen Genehmigung zitiere ich hier einen Ausschnitt, der die Problematik veranschaulicht, die ich in diesem Buch behandle:

> Wesentlich ist der komplexen Denkweise und dem komplexen Wissen, dass sie vereinzelte, fragmentierte und parzellierte Erkenntnisse zu einem Ganzen verweben. Das setzt voraus zu wissen, wie dieses Verweben gelingen kann. Darin liegt das Problem. Das oberste Gebot lautet *Kontextualisierung*. Eine Stadt lässt sich nur in ihrer spezifischen sozialräumlichen Komplexität und in ihrem weiteren, nationalen und sogar globalen Kontext begreifen, denn durch digitale Netzwerke und moderne Informationstechnologien sind Städte heute unmittelbar miteinander verbunden. Das in der Gegenwart vorherrschende Paradigma des Reduktionismus schränkt »die Stadt« jedoch regelmäßig ein auf Fragen der Architektur, der Stadtplanung und der Verkehrsströme. Doch die Stadt ist vielfältig, und der Mensch in der Großstadt lässt sich nicht auf diese Faktoren reduzieren. Was der Stadt wesentlich ist, ist die Gesamtheit der positiven und negativen Eigenschaften des urbanen Lebens. Dies schließt nicht nur sämtliche Interaktionen ein, sondern auch alle Rückkopplungseffekte. In diesem Sinne gilt: Das Individuum lebt in der Gesellschaft, aber auch die Gesellschaft lebt in ihm, und, analog: Wir leben in der Stadt,

> aber auch die Stadt lebt in und durch uns. Insbesondere in den Städten sehen wir uns vor komplexe, oft widersprüchliche Anforderungen gestellt. Und dazu müssen wir wissen, wie wir mit dieser Komplexität umgehen können. Es genügt nicht, komplexe Zusammenhänge zu erfassen. Es braucht zugleich eine Methode, sie zu handhaben. Und die lässt sich nicht einfach improvisieren. Ich selbst habe viele Jahre der Ausarbeitung einer solchen Methodik der Komplexität gewidmet. Das muss man bedenken, es braucht methodische Schritte, wenn es um komplexe Probleme geht, insbesondere im Bereich des Urbanen.

Kleine, mittlere und große Städte sind heute Lebensmittelpunkte der Mehrheit der Erdbevölkerung. Indem sie Menschen an bestimmte Lebensräume binden, reihen sie sich ein in eine lange Geschichte der Menschheit, die im fünften Jahrtausend v. Chr. ihren Anfang nahm, als erste Siedlungen* organisiert und nach Plan entstanden: in Mesopotamien, am Nil, am Jordan, am Ganges, im Industal und am Ufer des Balkh-Âb, am Gelben Fluss und in der Hochebene Mexikos, in Etrurien. Etwas später entwickelten sich in Griechenland und in Rom erste Agglomerationen, die der heutigen Vorstellung von »Stadt« schon nahekommen.

Die Entstehung der Stadt war eng mit der Entwicklung der Agrikultur verknüpft, und so entstanden komplexe Wechselbeziehungen zwischen Region, Stadtraum und Ökosystem. Sesshaftwerdung, landwirtschaftliche Nutzung, Überschussproduktion standen am Anfang, aber auch neue soziale Funktionen, die sich ergaben durch die Ausdifferenzierung von Arbeit in handwerkliche Bereiche, Handel und Tausch, Verwaltung und Gesetzgebung, militärische Aufgaben und territoriale Verteidigung sowie religiös-transzendentale Belange.

---

* Zum Beispiel Uruk, Ur, Babylon, Memphis, Scythopolis und die Dekapolis, Varanasi, Harappa, Balkh, Tsch'ou, Teotihuacan, die etruskische Dodekapolis.

Etymologisch entwickelte sich der französische Begriff »ville« für Stadt aus dem lateinischen Wort »villa«, was zunächst einfach »Haus in ländlicher Region, bäuerlicher Hof« bedeutete. Im fünften und sechsten Jahrtausend v. Chr. wuchsen solche »villas« zu Agglomerationen von bis zu fünfzig Gebäuden zusammen. Daraus wurden »villages« – Dörfer – später »villes«, also Städte, wie wir sie heute kennen. Der vorliegende Text geht den Beweggründen und Entwicklungen nach, welche die Bereitschaft, sich mit anderen Menschen ein Territorium und dessen Ressourcen zu teilen, im weiteren Verlauf nahmen. Sich ein Territorium im antiken Griechenland zu teilen, bedeutete etwa, sich an einem gemeinsamen Projekt zu beteiligen, das ein Zusammenleben nach bestimmten Regeln und einen kollektiv geteilten Lebensstil einschloss. Das gemeinschaftliche Teilen war eng gebunden an einen bestimmten Ort, einen konkreten Entwurf des Menschen, einen spezifischen sozialen Verband – die Polis, der Stadt-Staat, auf Französisch »cité«, abgeleitet vom lateinischen »civitas«. Die Bezeichnung verweist nicht auf den physischen Ort der Siedlung, sondern auf eine Gemeinschaft von Menschen, den »*politischen* [= staatenbildenden] Lebewesen«, wie es Aristoteles in seiner Schrift *Politik* ausdrückt. Das *zoon politicon* schließt sich aus freien Stücken und autonomer Entscheidung mit anderen »um eines Gutes willen« – nämlich das gute Leben – zusammen. Stadt und Mensch sind durch gemeinsame Regeln des Zusammenlebens und dem Streben nach Vervollkommnung des guten Lebens auf der Grundlage von Tugenden wie Gerechtigkeit und Moral miteinander verbunden. *Politik* ist, was sich durch die Befolgung von Gesetzen und Regeln als Recht im Zusammenleben der Gemeinschaft verfestigt. Als Teilhabende an den Entwicklungen in der Polis nehmen die Menschen als Bürger Gestalt an: »Außerdem ist der Zweck und das Ziel das Beste. Die Autarkie ist aber das Ziel und das Beste.«

Die Polis ist klar verortet, doch als *Stadt* existiert sie weder durch diese territoriale Verankerung noch durch geografische

Merkmale, so grundlegend sie auch sein mögen, wie die Beispiele von Athen oder Sparta zeigen. Als Stadt existiert sie allein durch die Anwesenheit denkender, sprechender »politischer« Lebewesen in ihr, die sich am gemeinsam bewohnten Ort freiwillig auf die Einhaltung von bestimmten Regeln geeinigt haben. Aristoteles schreibt:

> Daß ferner der Mensch in höherem Grade ein staatenbildendes Lebewesen ist als jede Biene oder sonst ein Herdentier, ist klar. Denn die Natur macht, wie wir behaupten, nichts vergebens. Der Mensch ist aber das einzige Lebewesen, das Sprache besitzt. Die Stimme zeigt Schmerz und Lust an und ist darum auch den anderen Lebewesen eigen (denn bis zu diesem Punkte ist ihre Natur gelangt, daß sie Schmerz und Lust wahrnehmen und das einander anzeigen können); die Sprache dagegen dient dazu, das Nützliche und Schädliche mitzuteilen und so auch das Gerechte und Ungerechte.[14]

Die »Stadt Athen« stand also ursprünglich für »die stadt-staatliche *Gemeinschaft der Athener*«, so wie »Sparta« ein Kürzel für »die stadt-staatliche *Gemeinschaft der Lakedaimonier*« war. Dies verweist auf eine Gestaltung des Zusammenlebens, die weit über die etymologische Herleitung von »ville«/Stadt als einer Ortschaft mit Gebäuden und darin lebenden Menschen hinausging.

Die Dialektik von »Ansammlung von Häusern« und »Stadt als Gemeinschaft von Bürgern« ist heute, im Zeitalter der Städte und der ubiquitären Vernetzung, noch immer existent. Ob wir von kleinen, mittleren oder Großstädten sprechen, von Ballungsräumen, Metropolregionen oder Megastädten – stets stellt sich die Frage nach der Art der Beziehung zwischen städtischem Raum, Region und Ökosystem und der Stadt als Gemeinwesen mit sozialen Regeln, Gesetzen und Gewohnheiten.

Vor etwas mehr als fünfhundert Jahren imaginierte der englische Gelehrte Thomas Morus eine fabelhafte Stadt, in der das

Zusammenleben der Menschen perfekt nach genau definierten Bereichen, Regeln und Sitten geordnet war. In Ableitung und Negation des griechischen Worts »topos«*, gab er seiner Geschichte den Titel *Utopia*[15] – ein Ort, den es nirgendwo gab. Der von Morus geprägte Begriff steht seitdem für die Vorstellung eines glücklichen Lebens an einem Ort, an dem Arbeit, Erholung, Vergnügen und Muße in einem ausgewogenen Verhältnis stehen, ein Ort, an dem Gemeinschaftssinn ein hoher Wert ist, freie Menschen im Einklang mit der Natur leben und selbst entscheiden, an welchen Gott sie glauben. Er beschreibt jedoch auch die Grenzen und Schwächen der menschlichen Natur, verurteilt den Krieg, fordert transparente Verfahren und Bestrafung für Regelbrecher, immer im Bestreben, die Grundlagen einer idealen Gesellschaft sichtbar werden zu lassen, in welcher der Mensch im Dienste des Menschen lebt und handelt. Doch leider sind menschliche Errungenschaften voller Widersprüche und bringen allzu oft ihr Gegenteil hervor. Aus Utopie wird Dystopie, aus dem Traum ein Albtraum, und schon entsteht ein Kosmos, der weit entfernt von dem ist, was sich der große Humanist Thomas Morus für seine Insel vorstellte.[16]

Der Grat zwischen Utopie und Dystopie ist wahrhaft schmal in einer Welt voller Widersprüche. Unter dem Stichwort »Recht auf Stadt«, das auf den Soziologen Henri Lefebvre zurückgeht, werden heute urbane Widersprüche und Konflikte gebündelt, unter anderem die Forderung nach angemessenem Wohnraum in sozialräumlich segregierten städtischen Gesellschaften. Nach dem Zweiten Weltkrieg entwickelten sich Städte in einem Klima wirtschaftlichen Wachstums und technischen Fortschritts, das Entfremdungseffekte erzeugte und dazu führte, dass viele Stadtbewohner heute unter kaum mehr würdigen Verhältnissen leben müssen. Wirtschaftliche

* Deutsch: Ort.

Krisen verschärfen die soziale Ausgrenzung und die Kluft zwischen Arm und Reich; zudem hat die Corona-Pandemie den armutsgefährdeten Teil der Bevölkerung stärker belastet. Sieht so unsere Zukunft aus? Die Frage stellt sich, wie wir in unserem hypervernetzten Kosmos verhindern wollen, immer tiefer in dystopische Szenarien zu versinken. Welchen Pfad wollen wir einschlagen, um das Zusammenleben in der Großstadt ökologisch, wirtschaftlich und sozial gerecht zu machen? Anders gefragt: Wie soll eine Stadt für alle aussehen?

Im alten Rom bezog sich *ius civitatis*, das »Stadtrecht«, auf die Zuerkennung der (Stadt-)Staatsbürgerschaft, die zunächst freien Männern vorbehalten war. Die Ausweitung dieser Bürgerrechte war ein wichtiger Faktor für die Anziehungskraft Roms. Wer sie besaß, genoss Rechte, die den zivilrechtlichen Kern der Bürgerrechte im Sinne einer Anerkennung auf Teilhabe an einer Gemeinschaft und einem gemeinsam bewohnten Territorium bedeuteten. »Avoir le droit de cité« steht für Eingebürgert- und Zugelassensein, für Anerkennung und Aufnahme in eine Gemeinschaft. Darum soll es in diesem Buch gehen. Wie kann es gelingen, zu einem menschenwürdigen Leben und Miteinander zurückzufinden, während die Städte immer schneller und weiter wachsen und zu Megalopolen werden? Wie sieht eine lebenswerte Zukunft in der Großstadt aus, und wie gestalten wir unser Zusammenleben in einer Welt, die wir – so die Prognosen – bis 2050 mit Robotern und Künstlicher Intelligenz in all ihren hybriden Erscheinungsformen teilen werden?

Dystopien des urbanen Lebens wurden in Filmen wie *Metropolis*, *1984*, *Alphaville*, *Brazil* und *Blade Runner* verewigt, um nur einige zu nennen. Es wird ein Dauerthema bleiben und von den technischen Entwicklungen und rasanten Fortschritten im Bereich der Biogenetik und KI noch verschärft. Sechs Milliarden Menschen werden bis 2050 in Großstädten leben, und die Herausforderung ist nun, urbane Räume sozial gerecht, inklusiv, ökologisch nachhaltig und menschenfreundlich zu gestalten, sowie technologische Entwicklungen in den Dienst der Menschen zum Zwecke der Erhöhung von Lebensqualität und Wohlbefinden zu stellen. Es gilt, den Folgen des Klimawandels entgegenzuwirken, das Artensterben aufzuhalten und die Ökosysteme und die biologische Vielfalt der Welt zu schützen. Wie können wir als Stadtplaner Stadtgesellschaft, Gemeinschaft und Nachbarschaften stärken und eine gemeinschaftliche, gemischte Nutzung von Gütern, Dienstleistungen und Infrastruktur ermöglichen? Wie schaffen wir eine Stadt, die auf ökologischen und humanistischen Werten basiert, ökonomisch auf Teilen, Tausch, das Kommunale, kurze Wege und Mischnutzung setzt, und soziale Inklusion nicht nur predigt, sondern verwirklicht?

Mit diesen und ähnlichen Fragen befasst sich das Buch. Und ich schicke voraus, dass ich zuversichtlich in die Zukunft blicke, weil es gelingen kann, die Voraussetzungen für eine neue urbane Kultur, ein Zusammenleben in der Großstadt auf altruistischer Basis und Gemeinwohlorientierung zu schaffen, weil wir klug genug sein werden, unsere Haltung, unseren Lebensstil, unser Produktions- und Verbrauchsmuster nachhaltig zu verändern, und auf die verlässliche Arbeit der Neuronen des menschlichen Gehirns setzen, anstatt sie durch künstliche neuronale Netze und Intelligenz zu ersetzen.

1

Lebendige Stadt

Stadt als Lebensraum – gestern, heute, morgen

In einem wunderbaren Buch aus dem Jahr 1972 erzählt Italo Calvino von den »unsichtbaren Städten« und deren reichen Facetten.[17] Die poetischen Städtebilder stellen die enge Beziehung von urbanem Raum und der Erinnerung, den Zeichen, Blicken, Namen, unsichtbaren Wechselbeziehungen, dem Himmel und den Toten dar. Er berichtet von fortdauernden, von fragilen und von verborgenen Städten. Erinnerungen an bestimmte Orte haben wir alle und sie begleiten uns ein Leben lang.

Ich entstamme einer bäuerlichen Familie aus den Anden, die, wie Millionen andere, eher unfreiwillig zu Stadtbewohnern wurde. Die Schaffung großflächiger Latifundien* und die Ausbeutung der vormaligen Kleinpächter führten zu einer Landflucht in der Hoffnung auf ein besseres Leben – und Überleben – in der Stadt. Meine Herkunftsgeschichte begrün-

---

* Diese Flächen umfassen oft zehntausende Hektar und dienen überwiegend der Viehzucht.

det auch meine Liebe zu Mutter Natur als nährende Kraft und die Achtung vor natürlichen Zyklen, die ihrem ganz eigenen Schöpfungsmythos folgen. Obschon als Stadtkind Ende der fünfziger Jahre geboren, gilt mein Interesse den engen Verflechtungen von urbanem und ländlichem Raum. Wie so viele andere, die diesen Wandel erlebten, der einen überwiegend ländlich geprägten Kontinent mit Landlosenaufständen und anderen sozialen Konflikten überzog und in weniger als zwei Generationen von Grund auf veränderte, bin ich geprägt von der Dialektik zwischen Stadt und Land.

Früher lag der Anteil der Landbevölkerung bei 70 %; mittlerweile leben 80 % aller Südamerikaner in Städten, viele von ihnen vertrieben von Guerillabewegungen und gewalttätigen Kämpfen um Grund und Boden. Lateinamerika ist heute der am stärksten urbanisierte Kontinent, und diese Verstädterung, einhergehend mit dem Untergang der ländlichen Kultur, ist auch der Hauptgrund, warum die Guerillabewegungen von einst sich weitgehend überlebt haben. Industrialisierung und das immense Wachstum des Dienstleistungs- und des Finanzsektors, führten zu einem radikalen Wandel der Lebensformen und des sozioökonomischen Gefüges. Mein Blick richtet sich vor allem darauf, wie die urbanen Zentren der Welt unser Zusammenleben, unseren Alltag und unsere Handlungen prägen. Als ich mit Anfang zwanzig als entwurzelter Exilant* nach Frankreich kam und meine Heimat nur noch als Erinnerung mitbrachte, fing ich an, mich für die Unterschiede zwischen den Kontinenten und ihren Städten zu interessieren. »Den Mann, der lange durch wilde Gegenden reitet, überkommt die Sehnsucht nach einer Stadt«, schreibt Italo Calvino, und dieser Satz begleitet mich bei all meinen Erkundungen.[18]

Die Europäer waren seit jeher große Baumeister, vollendet in der Kunst der Konstruktion prachtvoller Kathedralen,

---

* Den Flüchtlingsstatus in Frankreich erhielt ich formal 1979.

getrieben davon, eine harmonische Gleichung zwischen Steinmetzhandwerk, Mathematik, Geometrie und religiösen Vorstellungen zu finden. Als Stadtforscher fasziniert mich diese Freude am Bauen, Gestalten und Strukturieren von Räumen, als Lebensräumen, Orten der Selbstverwirklichung, aber auch als Orten, die stets bestimmten Regeln und Anordnungen gehorchen. Bis heute bin ich tief beeindruckt von den Leistungen beim Wiederaufbau Europas nach dem Zweiten Weltkrieg. Damals erhob sich ein zerstörter Kontinent aus den Ruinen, die die Bomben hinterlassen hatten. Manche Staatsgebilde waren verschwunden, andere entstanden. Städte, deren Zentrum dem Erdboden gleichgemacht worden war, erfanden sich neu.

Von Paris aus, das glimpflich davongekommen war, erschien das Ausmaß an Verwüstung anderer europäischer Städte bestürzend. Berlin lag in Trümmern, Dresden, Warschau, Danzig, London … Auch die französische Hafenstadt Le Havre war schwer getroffen, wurde jedoch unter der Ägide des Architekten Auguste Perret in Beton wiederaufgebaut: »Architektur macht sich den Raum zu eigen, begrenzt ihn, umschließt ihn, hegt ihn ein. Ihr Privileg ist es, durch menschlichen Erfindungsgeist und Ingenieurskunst Orte der Magie zu schaffen«, so der Meister des Betons, der dieses Material zur Erschaffung seiner Bauten favorisierte.[19] Innerhalb weniger Jahre baute er die Stadt völlig neu, und seine Herangehensweise brach mit allen herkömmlichen Formen und Vorstellungen. Stadtentwicklung und Stadterneuerung sind in der Regel Prozesse, die sich über lange Zeiträume vollziehen und somit stets die Spuren der Vergangenheit als inhärenten Widerspruch oder Dialog zwischen der Erinnerung an Orte und neuen Formen des Bauens und Gestaltens tragen. Diesen Gegensätzen bin ich auf der Spur, wenn ich die urbanen Räume rund um den Globus durchmesse, die mittlerweile Heimat von vier Milliarden Menschen sind. Und dabei wird mir immer klarer, dass wir die Städte neu erfinden müssen, um sie uns wieder zu eigen, zu unseren zu machen.

Denn Italo Calvinos poetischer Blick auf die »unsichtbaren Städte« zeigt: Jede Stadt besitzt eine Seele, die, einem roten Faden gleich, durch die Jahrhunderte wirkt. Die Stadt ist nicht nur der Ort, an dem man arbeitet oder schläft, sie ist lebendig, in Bewegung, lädt zur sinnlichen und emotionalen Erkundung ein und dazu, neue Handlungsräume und Orte der Gemeinschaft zu entdecken. Die Stadt als Lebensraum, als Ort, an dem Menschen *leben*, ist der Schlüssel zur urbanen Intelligenz, wenn dieser Begriff eine Relevanz für die Stadtplanung der Zukunft haben soll. Die entscheidende Frage ist: Wie gelingt es, eine Stadt für alle zu schaffen, Orte, an denen die Menschen sich wohlfühlen und gemeinsam aufhalten?

Ich zögere immer, von »der Stadt« zu sprechen, es klingt in Zeiten der Digitalisierung technisch und abstrakt, als ob es dort keine lebendigen Körper gäbe. Es scheint, als ob »die intelligente Stadt«, digitalisiert, vernetzt, funktionsfähig ohne menschliches Zutun, geradezu ausradieren würde, was ihr wesentlich ist, was sie als »Stadt« ausmacht. Doch der einseitige Blick auf die technischen Möglichkeiten hat in der Vergangenheit eher zu kümmerlichen Ergebnissen geführt. Zum Beispiel in Rio de Janeiro, das um 2010 als Speerspitze der digitalen Revolution galt, und dem im Zuge einer ungebremsten Smart-City-Euphorie verschiedene Technologien im »copy & paste«-Verfahren übergestülpt und so ein gigantisches Kontroll- und Überwachungssystem zur Verkehrsführung geschaffen wurde.[20] Rio wurde zum Pilgerort der globalen, technikaffinen *Smart-City-Aficionados*, doch heute gilt das Projekt als gescheitert. »Die Stadt« kann nicht getrennt von der Charakteristik ihrer Orte und lokalen Verhältnisse gedacht und verwaltet werden. Es gilt, beim technologischen Wandel das komplexe Zusammenspiel der Orte und der dort lebenden Menschen im Blick zu behalten. Die Verflechtungen und Ströme von Körpern, Objekten, Bauten und Systemen der unterschiedlichsten Art sind dabei entscheidend.[21] Menschen zeigten immer erstaunlich viel technischen Einfallsreichtum, wenn es darum ging, sich neue Räume anzueignen. Angefangen bei der ersten historisch verbürgten Stadt, Ur in Mesopotamien um 4.400 v. Chr., über die Metropolen Ägyptens, Griechenlands und des Römischen Reichs, der Mongolei und der First Nations in Nordamerika bis in die Gegenwart, waren und sind technisches Know-how und der Einsatz von Technologie stets eine Herausforderung bei der Stadtplanung.

Der australische Archäologe Gordon Childe sprach 1950 von Ur als der ersten »urbanen Revolution«.[22] Im Zuge der Sesshaftwerdung hatten Menschen im heutigen Irak eine neue Form des Zusammenlebens und so einen anderen Blick auf die Welt etabliert. Ob dies einer »Revolution« gleichkam, ist zwar umstritten, richtig aber bleibt, dass die einstigen Jäger und Sammlerinnen mit der Einführung einer agrarwirtschaftlichen Lebensweise das Verhältnis der Menschen zur Natur, zu Grund und Boden, aber auch untereinander radikal veränderten und eine völlig neue Kultur beförderten: die Tauschkultur, die nicht unerheblich zu einem weiteren gesellschaftlichen Umbruch, nämlich zur Entstehung der Städte beitrug.

Die wohl wichtigste Entwicklung nach dem Ende des Zweiten Weltkriegs war die Entstehung der *Globalen Städte*, wie sie die Soziologin Saskia Sassen beschreibt.[23] Die alten Zentren der Macht und der staatlichen Einflussnahme verloren ihre dominante Stellung und mussten schwer fassbaren, oft unterschwelligen Dynamiken der urbanen Räume weichen. Ein vergleichender Blick auf die Landkarte Europas im 20. Jahrhundert mag das veranschaulichen: Zu Beginn des Jahrhunderts dominierten König- und Kaiserreiche: das Deutsche Kaiserreich, das Österreichisch-Ungarische Kaiserreich, das Osmanische Reich, das Russische Zarenreich, das British Empire; es gab außer Frankreich kaum Republiken. Nach dem Zweiten Weltkrieg entstanden neue Republiken, diesseits wie jenseits der ideologischen und militarisierten Grenzen zwischen Ost und West. Ende des 20. Jahrhunderts wuchs ein wiedervereinigtes Deutschland zusammen, und die Balkanregion zerfiel in viele Kleinstaaten. Doch während Kaiserreiche verschwanden und Republiken entstanden, wuchsen die Städte und entwickelten sich immer weiter zu attraktiven Zentren der ökonomischen Wertschöpfung und Macht.

Die Stadt als »Ort« und ihre »Formel«, ihr Ökosystem und lokales Gefüge (frei nach Rimbaud) stehen im 21. Jahrhundert für eine veränderte Welt, in der Lebensqualität und Ressourcennutzung zentrale Probleme darstellen. Der informationstechnologische Fortschritt trägt dabei maßgeblich zu Hybridisierungstendenzen und einem einschneidenden Wandel unserer Lebensweise bei. Die Entwicklung der globalen Städte und ihrer politischen Macht, die Saskia Sassen beschreibt, schafft neue Rahmenbedingungen der Teilhabe und Identität, aber auch sozioökonomische, kulturelle und ökologische Probleme, wobei die Bürgerinnen und Bürger immer höhere Anforderungen an die lokale Politik und Verwaltung stellen.

Die fünf größten Metropolregionen der Welt sind:[24]

- Tokio mit 37 Millionen Einwohnern ist der am dichtesten besiedelte Ballungsraum in Japan. Im Einzugsgebiet leben 11 % der Gesamtbevölkerung.
- Neu-Delhi, das sich flächenmäßig in den zwanzig Jahren zwischen 1991 und 2011 verdoppelt hat. Mit einer Bevölkerungszahl von 27 Millionen und einem der höchsten Pro-Kopf-Einkommen Indiens, zieht es bis heute jedes Jahr Hunderttausende Neuankömmlinge an. Ende der 2020er Jahre wird Neu-Delhi der am dichtesten bevölkerte Ort der Welt sein.
- Shanghais rasante Urbanisierung begann Mitte der achtziger Jahre des letzten Jahrhunderts im Zuge der wirtschaft-

lichen Öffnung der chinesischen Volksrepublik. Ein schier beispielloser Wirtschaftsaufschwung, ermöglicht durch brachiale Eingriffe in das Ökosystem von Shanghai und seinem Umland, die zum Verlust von Biodiversität, anhaltender Umweltverschmutzung und einem deutlichen Anstieg der Durchschnittstemperatur im Jahresmittel führten, machte Shanghai zu einer globalen Metropole, in der heute knapp 25 Millionen Menschen leben.
- Lagos ist mit 21 Millionen die bevölkerungsreichste Stadt des afrikanischen Kontinents. Als wichtigstes Finanzzentrum Afrikas erwirtschaftet Nigerias größte Stadt und umschlagkräftigster Hafen das vierthöchste BIP des Kontinents. Lagos gilt als die weltweit am schnellsten wachsende Megastadt in einem Land, dessen Gesamtbevölkerung sich von heute 190 Millionen auf geschätzt 410 Millionen bis 2050 mehr als verdoppeln wird.
- In der Metropolregion Grande São Paulo leben ebenfalls 21 Millionen Einwohner, was etwa 14 % der brasilianischen Gesamtbevölkerung entspricht. Sie erwirtschaftet 25 % des nationalen BIP. Unorganisiertes, ungeplantes Wachstum ließ auf den Hügeln des Umlands, aber auch im hochwassergefährdeten Flachland zahllose Favelas entstehen mit der Folge, dass die Mehrheit der Bevölkerung von der Versorgung mit Wasser und Strom abgeschnitten ist. São Paolos BIP entspricht dem von 4.305 brasilianischen Städten.[25]

Die Herausforderung liegt nun darin, den urbanen Wandel innovativ, partizipativ und inklusiv zu gestalten, um die Lebensqualität, aber auch die Vitalität der Städte zu erhalten und zu erhöhen. Eine lebensfremde technische Entwicklung, vorbei an den Bedürfnissen der Stadtbewohner, ist nicht zukunftsweisend. Und dennoch hat sich bis heute kein neues Verständnis von »Ort und Formel«, von urbanem Raum und dessen Ökosystem, von neuen Formen des Zusammenlebens und Verkehrs etabliert, die den Verflechtungen von physischer, digitaler und sozialer Welt Rechnung tragen. Doch diese Formel braucht es, um nachhaltige, zeitgemäße Formen des sozialen Miteinanders und der gerechten Verteilung von Gemeinwohlgütern zu schaffen. Die zentrale Frage ist, in welchem urbanen Umfeld wir in Zukunft leben wollen, und wovon wir reden, wenn wir über »die Stadt« sprechen. Letzteres gilt es zu klären, bevor wir die Möglichkeiten ausloten können. Die Herausforderungen, die wir und die kommenden Generationen in der Stadt von morgen bewältigen müssen, sind bekannt: globale Erwärmung, voranschreitende Ressourcenknappheit, demografischer Wandel, rasante Entwicklung von Ballungsgebieten, Megastädten und gigantischen Metropolregionen weltweit, Ausbreitung neuer Krankheiten, Folgewirkungen der Digitalisierung und der Informationstechnologien. Großstädte produzieren Reichtum und zugleich Armut, was mit einem topologischen wie wirtschaftlichen Gefälle und einer Störung des urbanen Gleichgewichts einhergeht. Weitere Themen werden Migrationsströme und die Situation von Geflüchteten aus Kriegsregionen wie Syrien, Afghanistan, Irak und vielen anderen Ländern bleiben, sowie dadurch entstehende soziale und politischen Spannungen und Verwerfungen. Die hitzigen Diskussionen um die Flüchtlingsboote auf dem Mittelmeer und im Ärmelkanal deuten an, was hier auf dem Spiel steht.

Die Erwartungen und Bedürfnisse von Stadtbewohnern rund um den Globus sind vielschichtig und umfassen fünf unterschiedliche Ebenen: Umwelt, Wirtschaft, Kultur, Soziales, aber auch Gefahrenschutz und die zukünftige Widerstandsfähigkeit einer Stadt in Krisensituationen spielen eine Rolle. Doch obwohl alle Städte der Welt mit ähnlichen Problemen konfrontiert sind, hängen die konkreten Auswirkungen und Lösungsansätze vom lokalen Ökosystem der Stadt ab, vom Grad ihrer Anpassungsfähigkeit an den Wandel, vom tatsächlichen Erhalt von natürlichen Flächen und Biodiversität, von ihrer Inklusivität, den Fortschritten bei der Armutsbekämpfung, vom jeweiligen Zugang zu Bildung und Kultur, von der Produktivität und wertschöpfenden Tätigkeiten, von Mobilitäts- und Dienstleistungsangeboten und nicht zuletzt von ihrer Fähigkeit, mit Krisen umzugehen. Die Liste ist lang, und die meisten Schlachten sind noch längst nicht geschlagen.

Der frühere Bürgermeister der Stadt Denver in Colorado, Wellington Webb, sagte 2009 auf einer US-Konferenz: »Das 19. Jahrhundert war das Jahrhundert der Imperien. Das 20. Jahrhundert gehörte den Nationalstaaten. Und das 21. Jahrhundert wird das Jahrhundert der Städte sein.« Das hat sich mir eingeprägt, denn tatsächlich werden die Lebensverhältnisse der meisten Menschen in wenigen Jahrzehnten durch das Großstadtleben, durch den urbanen Raum bestimmt sein. In zunehmendem Maß wird das Verhältnis zur Welt, werden Raum- und Zeitgefühl des Menschen von der Geburt bis zum Tod durch das (groß-)städtische Umfeld geformt. Wir werden zur urbanen Spezies, in den Takt und Lebensstil der urbanen Kulturen in den globalen Städten und Megalopolen hineingeboren und diesen bis ins hohe Alter pflegend, bedeutet dies auch einen Wandel in den Formen des Zusammenlebens in der Großstadt. Um die Städte der Zukunft lebenswert und gerecht zu machen, bedarf es weitreichender urbaner Transformationen auf vielen Ebenen, die nicht einfach durchzusetzen sind. Wir müssen jedoch den Ariadnefaden finden, der uns zu mehr Menschlichkeit und einem guten, gesunden und ausgewogenen Zusammenleben in der Großstadt führt.

Das 21. Jahrhundert ist auch das Zeitalter der Ubiquität. Die rasante Verbreitung des Internets hat das Bild der digitalen Stadt befördert und durch die Einführung zahlreicher E-Vorsilben bestärkt: E-Government, E-Learning, E-Health usw. Die vernetzte Stadt, engmaschig von *smart devices* kontrolliert, Geolokalisierung, das Internet der Dinge, Big Data und Menschen, die über ihr Smartphone jederzeit mit allem verbunden sind, haben die Verhältnisse grundlegend verändert. Der nunmehr hybridisierte Mensch lebt heute in einem Umfeld mit anderen Koordinaten als in der Vergangenheit. Wohnen, Fortbewegung, Arbeit, Einkaufen, Gesundheit, Freizeitunterhaltung – alles wird über digitale Kanäle organisiert. Sollte der Mensch das Schöpfungsfeuer gestohlen haben? Und stehlen ihm nun die digitalen Schöpfungen seine Lebenswirklichkeit? Jedenfalls ist im Zeichen des Internets längst eine neue urbane Kultur der Menschen und der Dinge entstanden, und mit ihr neue Wahrnehmungen, neue Lebensstile und Gewohnheiten, die, gemessen an den damit einhergehenden Veränderungen auf gesellschaftlicher, technischer, aber auch physischer Ebene, die Grenzen zwischen Fantasie und Wirklichkeit, Utopie und Dystopie undeutlicher werden lassen.

Doch all diese Errungenschaften sind nur dann sinnvoll, wenn es uns gelingt, die Stadt als Ort zu gestalten, an dem wir gerne leben, der uns emotional anspricht, unsere Sinne stimuliert und die Erinnerung an das, was wir waren, einfließt in eine Vorstellung davon, was wir sein wollen, und die alten Steine erneut zu uns sprechen und wir mit ihnen, mit unseren Nächsten, den Freunden, den Nachbarn. Edgar Morin brachte dies in einem Gespräch mit Saskia Sassen auf den Punkt: »Einem Menschen einen Guten Tag zu wünschen, sagt ihm: Du existierst wirklich!«[26]

Wie intelligent eine Stadt ist, zeigt sich an ihren sozioökonomischen und ökologischen Bedingungen, an ihrem kulturellen Profil: Verkehr und Mobilität, Sicherheit, sozialer Wohnungsbau, Energieversorgung, Liegenschaftspolitik, Vernetzung, Infrastruktur, öffentliche Räume, Nahversorgung, Besteuerung, Kultur, Freizeitmöglichkeiten, Attraktivität sind wichtige Indikatoren. Die Vereinten Nationen (UN) formulierten 2015 17 Ziele zur Erreichung einer nachhaltigen globalen Entwicklung und verweisen unter Punkt elf auf die dabei entscheidende Rolle der Städte, die, im Wortlaut, »integrativ, sicher, widerstandsfähig und nachhaltig« zu gestalten sind.[27] Der Bericht fasst die wünschenswerten Maßnahmen zusammen, die unseren Planeten betreffen. Die Agenda der UN dringt auf eine Umsetzung bis zum Jahr 2030, was durch den enormen Beitrag der Städte zum Klimawandel, die rapide Verstädterung und das ungebremste Wachstum von Megastädten und Metropolregionen vor allem in Südostasien und auf der südlichen Halbkugel, durch die umfassende Digitalisierung unserer Lebenswelt und schließlich durch die sich immer weiter öffnende Schere zwischen Arm und Reich, soziale Ungleichheit und Exklusion großer gesellschaftlicher Gruppen umso notwendiger scheint.

Die im Oktober 2016 auf der HABITAT III in Quito beschlossene »Neue Urbane Agenda« hat entsprechend die »Stadt für alle« und die Förderung von gesellschaftlicher Teilhabe und Inklusion ins Zentrum gerückt und insbesondere Fragen der Versorgungssicherheit, des bezahlbaren Wohnraums, Bürgerbeteiligung und zivilgesellschaftliches Engagement für die Demokratie zum Thema gemacht.[28] Die Mobilisation der Stadtverwaltungen und kommunalen Regierungen ist entscheidend beim Auf- und Ausbau dieser Bereiche. Städte sind maßgebliche Teile der Lösung unserer heutigen Probleme, sie sind das Rückgrat der anstehenden Veränderungen. Im Jahr 2011 überschritt die Zahl der Erdbewohner die 7-Milliarden-Grenze. 2019 waren es 7,7 Milliarden[29], und davon lebten, zum ersten Mal in der Geschichte der Menschheit, mehr als 50 % in Städten. In Europa sind es bereits 74,5 %.[30] Im Jahr 2030 rechnet man mit 8,5 Milliarden Menschen weltweit, und davon werden über 5 Milliarden in urbanen Zentren leben. Zum gegenwärtigen Zeitpunkt leben in 33 Städten 12 % der Weltbevölkerung. Europa zählt 53 Metropolregionen[31] – Agglomerationen mit mindestens einer Million Einwohner –, die 39 % der europäischen Gesamtbevölkerung ein Zuhause und 41,1 % einen Arbeitsplatz bieten. Dort werden 47,1 % des europäischen BIP erwirtschaftet, bis 2030 wird in nur 750 Städten 61 % des globalen BIP erwirtschaftet werden.[32] Die Verstädterung verschiebt sich weiter in Richtung Asien und Afrika, und zusammen verzeichnen beide Kontinente 90 % des aktuellen Weltwachstums, allein ein Drittel davon in den drei Ländern Indien, China und Nigeria.

Unabhängig von diesen Zahlen entwickelte sich das Stadtleben in einer baulichen Umwelt, die seit jeher auf globales Wachstum und Arbeitsplätze in Abhängigkeit von Ölindustrie und fossilen Rohstoffen setzte. So etablierten sich Formen des Zusammenlebens, die paradoxerweise mit dem Verlust von Bindung einhergehen, den Zugang zu Eigentum, Besitz und Statussymbolen wie das eigene Auto, die Zweitwohnung und Luxusgegenstände u. a. jedoch fördern. Dieses Paradigma stellt die »lebendige Stadt« in Frage. Breite Straßenschneisen, auf denen sich immer gigantischere Fahrzeuge stauen, und eine kalte, funktionale Architektur stehen der lebendigen Stadt mit bevölkerten Vierteln, Plätzen, Parks und Gassen buchstäblich im Weg. Wo wachsen noch Bäume und fließen Gewässer, wenn alles zubetoniert und asphaltiert ist und uns die Luft zum Atmen ausgeht? Wo sind das Wesen und die Wiedererkennbarkeit einer Stadt geblieben? Wo finden wir noch öffentliche Orte, an denen Menschen zusammenkommen, um sich Geschichten zu erzählen und Neuigkeiten auszutauschen, wie einst an der Haustür, beim Spaziergang durchs Viertel und auf den Straßenbänken? Was bedeutet der Begriff *Stadt* heute?

An einer Stelle in Italo Calvinos *Die unsichtbaren Städte* fragt ein Passant nach dem Weg in die Stadt. Als Antwort deuten die Leute weit in die Runde, und der Frager weiß nicht, ob das »Hier« oder »Weiter drüben« oder »Alles ringsum« oder sogar »In der entgegengesetzten Richtung« heißen soll. Auf weiteres Nachfragen antworten die einen: »Wir kommen hier jeden Morgen zum Arbeiten her«, andere: »Wir kommen jeden Abend hierher zum Schlafen zurück.« Der Fremde insistiert:

»Aber die Stadt, wo die Leute *leben*?« »Die muss dort sein«, sagen die Leute und einige heben den Arm in Richtung einer Agglomeration dunkler Polyeder am Horizont, während andere hinter ihn auf die Schemen anderer Spitztürme deuten. »Dann bin ich schon an ihr vorbeigegangen?« »Nein«, ist die Antwort, »versuchen Sie es weiter vorn.« »Dann gelangt man, so weit man sich auch von der Stadt entfernt, immer nur von einem Limbus zum anderen, ohne sie je zu verlassen?«[33] Calvinos Antwort darauf ist aktueller denn je: »Du erfreust dich bei einer Stadt nicht ihrer sieben oder siebenundsiebzig Wunder, sondern der Antwort, die sie dir auf eine Frage gibt.«[34]

Die hier gestellte Frage nach der Intelligenz einer Stadt erfordert es, sie nicht als starres Gebilde zu begreifen, sondern als in stetem Wandel befindliches, lebendiges Ökosystem. Der Umbau eines komplexen Organismus wie der Stadt kann nicht vertikal gelenkt und bestimmt werden, weder architektonisch noch technisch. Stadterneuerung ist ein langfristiges Projekt, es erfordert ein Hineinhören in die Stadt, das Nachspüren ihres Herzschlags und Takts. Dynamische Wechselbeziehungen, multiple Verflechtungen und Abhängigkeiten sind Kennzeichen unserer heutigen Welt, und das Konzept der »lebendigen Stadt« trägt dem Rechnung, indem sie als urbaner Stoffwechsel betrachtet wird. Als Raum der Ströme, der, wenn im Gleichgewicht, das Wohlbefinden der Menschen fördert, im Ungleichgewicht jedoch Spannungen erzeugt, den sozialen Zusammenhalt und manchmal die Existenz der Stadt gefährdet. Doch Stadterneuerung stößt schnell an räumliche Grenzen, da die urbane Fläche nicht unendlich erweiterbar ist. Regenerative Strategien, Adaptation und Transformation müssen deshalb im Zentrum stehen. Die Stadt muss sich immer wieder neu erfinden und das ihr eigene, verborgene Potenzial entdecken, insbesondere in Zeiten der Not und Krisen. Der urbane Raum muss die kollektive Gestaltungskraft und Kreativität mobilisieren.

Die lebendige Stadt ist Knotenpunkt einer Vielzahl von unterschiedlichen Bedürfnissen, gesellschaftlichen Funktionen und Aufgaben, deshalb muss Stadterneuerung an den täglichen Abläufen ansetzen, an der Frage, wie wir wohnen, uns fortbewegen, lernen, arbeiten und gesund erhalten wollen. Wie lassen sich Lebensqualität, angemessener Wohnraum, Mobilität und Arbeit auf kürzestem Weg verbinden? Wie gelingt es, urbanes Zentrum und Peripherie einander näherzubringen? Wichtige Stichworte sind hier intelligentes Energiemanagement, energieeffizientes Bauen und Wohnen, grüne Mobilität, aber auch Sicherheit, personalisierte Medizin, Zugang zu Kultur und Bildung. Vor diesem Hintergrund werden die Umrisse einer Stadt sichtbar, die den lebendigen Austausch befördert und alle lebenswichtigen Einrichtungen erreichbar macht, nicht zuletzt, weil der technische Fortschritt neue Möglichkeiten eröffnet.

Die Stadt von morgen wird heute entwickelt, und in unserer Vorstellung soll sie sicher und smart, effizient und offen sein. Denn nur die lebendige Stadt, die ihre Bürgerinnen und Bürger in den Mittelpunkt stellt, ist imstande, die Herausforderungen unserer Zeit zu meistern. Sie spricht uns als Stadtbürger und Teil der Zivilgesellschaft an, als lokal und regional verwurzelte Bewohner. Dabei gilt: Was für Paris richtig ist, muss für Rio, Mumbai, Seoul, Sydney, Lagos oder Kairo nicht richtig sein. Der springende Punkt ist die Verbundenheit mit der urbanen Lebenswelt, der Bezug zum eigenen Viertel. Es gibt hier kein für sämtliche Städte der Welt verbindliches Modell, nur eine Vielzahl spannender Ideen und Inspirationsquellen.

Urbane Dynamiken, kommunalpolitische Durchsetzungskraft und die gewachsene Rolle der Städte im staatlichen Gefüge überlagern und durchkreuzen sich in Zeiten der Pluralität und Ubiquität. Die veränderten Rahmenbedingungen erfordern auch eine Auseinandersetzung mit der sozialen Vulnerabilität und der Widerstandskraft von Städten, ein Kernthema bei der Ausgestaltung der lebendigen Stadt. Die Analyse der strukturellen Anfälligkeit auf ökologischer, wirtschaftlicher und sozialer Ebene ist wichtig, um »Schwarze Schwäne«[35] bereits im Ansatz zu identifizieren und Handlungsansätze zu entwickeln, die die sozialräumliche Widerstandsfähigkeit fördern. Dazu gehört auch die Stärkung des Zusammenlebens in der Großstadt und eine Beziehungskultur, die auf lokaler Zugehörigkeit und Kohäsion basiert.

Die lebendige Stadt ist fragil, aber anpassungs- und wandlungsfähig. Sie ist Unwägbarkeiten und Gefahren ausgesetzt, die nicht nur in ihren Auswirkungen unvorhersehbar sind. Die Komplexität des urbanen Gefüges erschwert zudem die Planbarkeit und den Ausblick auf seine zukünftige Entwicklung, dennoch soll hier ein Umriss dessen, was eine Stadt ausmacht, versucht werden. Historisch haben sich vier Aspekte etabliert, die eine wichtige Rolle spielen und hier mit ihren latinisierten Begriffen aufgeführt werden:

- *urbs* verweist auf die Gesamtheit der Infrastruktur und Einrichtungen einer Stadt;
- *civis* bezieht sich auf die städtische Bürgerschaft, die nicht nur im übertragenen Sinn den Atem der Stadt trägt und sie lebendig macht;
- *spatia* sind die Räume, Plätze und Orte der Vergesellschaftung, des Tauschs, der zwischenmenschlichen Interaktionen, die den Pulsschlag des gemeinschaftlichen Lebens bestimmen;
- *res publica* steht für eine Politik, die sich am Gemeinwohl und an der Daseinsfürsorge ausrichtet.

Jede Stadt weist diese Aspekte zu verschiedenen Anteilen auf, und es bedarf eines interdisziplinären Ansatzes, um die Rahmenbedingungen und geeigneten Maßnahmen eines Stadtumbaus zu entwickeln. Nachhaltige Stadterneuerung ist eine Gemeinschaftsaufgabe von Stadtplanern, Soziologen, Ingenieuren, Philosophen, Gestaltern, Architekten, Unternehmern, Politikern und Künstlern. Es liegt in unserer Verantwortung, die Stadt der Zukunft so zu gestalten, dass Fußgänger und Radfahrer priorisiert, die Luftverschmutzung verringert, die Ressourcen, insbesondere sauberes Wasser, geschützt, die Biodiversität erhalten, zivilgesellschaftliches Engagement und soziale Begegnungen gefördert, und die Innenstädte endlich autofrei gemacht werden.

Um für die Herausforderungen unseres Jahrhunderts gewappnet zu sein, müssen wir das Stadtleben neu erfinden, den Charakter der Stadt neu entdecken, sie zu einem polyzentrischen, lebendigen, bewohnbaren und lebenswerten Ort für Menschen machen, und Wohnen, Arbeiten, Mobilität und Verkehr neu denken. Die Stadtplanung von morgen muss die Vernetzung aller Räume – an der Oberfläche, unter der Oberfläche, vertikal und in der Luft – umsetzen, um dem globalen Wandel und den Bedürfnissen der Menschen gerecht zu werden. Jane Jacobs, Journalistin und kämpferische Stadtkritikerin, hat dies vor vielen Jahren in etwa so formuliert: Die Straße, öffentliche Plätze, das Viertel sind und bleiben die ersten vergesellschaftenden Orte für uns Menschen in den Großstädten, sie bilden das Fundament eines bürgerschaftlichen Bewusstseins. Die Großstadt ist nicht nur ein Raum der Verkehrsströme, sie ist zu allererst Lebensraum, Wohnraum, Arbeitsraum und Erholungsraum, in dem ständig Interaktionen und Zusammentreffen von unterschiedlichen Menschen stattfinden.[36]

Die lebendige Stadt erfordert auch mehr Einsatzbereitschaft für den Erhalt der urbanen Gemeingüter. Lebensqualität für alle bedeutet Zugang zu sauberem Wasser, saubere Luft, aber auch Verschattung, öffentliche Begegnungsräume, lärmreduzierte Zonen, mehr Zeit und Raum für Regeneration und Entspannung. Die neuen Kämpfe werden darum gehen.

2

Herausforderung Klimakrise

Stadt und Großstadtleben in Zeiten des Klimawandels

Jeden Tag werden die Auswirkungen des Klimawandels spürbarer. Extreme Hitzewellen, Kälteausbrüche, Hochwasserkatastrophen, Luftverschmutzung, Dürren, Anstieg des Meeresspiegels, Städte, in denen das Leben langsam unerträglich wird. Unser Planet erwärmt sich und davon sind alle fünf Kontinente der Erde betroffen. Das Desaster ist jedoch ein angekündigtes, in Abwandlung eines Romantitels von Gabriel García Márquez – *Chronik eines angekündigten Todes:* Allen war klar, eine schreckliche Gewalttat würde geschehen, die Vorzeichen waren unübersehbar, das ganze Dorf schaute zu, wie die Mörder näher rückten, und doch rührte sich keiner, als sie an die Tür des Opfers klopften. Nach der Tat trafen sich alle vor ihren Häusern, um über die Gründe des Mords zu mutmaßen, der die Dorfbewohner in tiefe Betroffenheit und Trauer stürzte. Die Chancen, mit unseren Kindern und Kindeskindern noch über die Folgen und Schäden der Erderhitzung diskutieren zu können, stehen jedoch denkbar schlecht. Seit Jahrzehnten sind die Risiken bekannt, die den Fortbestand unserer Zivilisation gefährden – jedenfalls in der Form, wie wir sie kannten.

Um den Klimawandel im Zeitalter der Städte besser einzuordnen, sind zwei Begriffe sehr hilfreich, nämlich »Anthropozän« und »Komplexität«. Beide gestatten einen tieferen Einblick in die Problematik und sollten breiter diskutiert werden. »Anthropozän« fasst in einem Wort zusammen, was seit mindestens fünfzig Jahren immer bedrohlicher wird. Den Begriff prägten der niederländische Nobelpreisträger für Chemie, Paul Josef Crutzen, und der US-amerikanische Biologe Eugene F. Stoermer im Jahr 2000, um mit dem »Erdzeitalter des Menschen«[37] auszudrücken, dass der Mensch zum entscheidenden Faktor für Veränderungen der Ökosphäre weltweit geworden ist. Es scheint müßig, die Indikatoren für das Eingreifen des Menschen aufzuzählen, die zentral für den Klimawandel sind: intensive Bodennutzung, Entwaldung, Überfischung der Meere, Luftverschmutzung, Gewässer- und Bodenverschmutzung, Flächenversiegelung, Schrumpfung oder Zerstörung natürlicher Lebensräume, industrielle Bewirtschaftung mit toxischer Wirkung auf den Kreislauf der Natur durch die Verwendung von Stickstoff, Phosphor, Schwefel usw., Verbrennungsmotoren als priorisiertes Instrument der Fortbewegung zu Lande und in der Luft, massive, exponentiell ansteigende Förderung und ebenso steigender Verbrauch fossiler und mineralischer Ressourcen (Kohle, Erdöl, Erdgas, Uran), Eintrag von Kunststoffen in die Natur – um nur die offensichtlichsten zu nennen.[38] Der Begriff »Anthropozän« verweist auf das Handeln des Menschen, der auf doppelt unvernünftige Weise durch Entnahme natürlicher Ressourcen und durch die Einleitung von mehr oder minder toxischen Stoffen das natürliche Gleichgewicht unserer Biosphäre (zer)stört.

Neuartige Funde von hybriden Gesteinsformationen aus natürlichen Ablagerungen in Verbindung mit Kunststoffen, sogenannte »Plastiglomerate« sind ein geologischer Indikator des Anthropozäns aus jüngster Zeit. Plastiglomerate wurden zum ersten Mal 2014 von einem US-amerikanisch-kanadischen Forschungsteam unter der Leitung von Patricia Corcoran beschrieben,[39] und sie reihen sich nun in den großen Komplex des vom Menschen verursachten ökologischen Wandels ein. Vor den verheerenden Folgen der Vermüllung der Meere und Böden durch Plastik wird seit Jahrzehnten gewarnt. Wissenschaftler mutmaßen, dass die Paläontologen und Archäologen der Zukunft wohl mehr Plastiglomerate als menschliche, tierische oder pflanzliche Fossile bei ihren Ausgrabungen finden werden. Der Biologe Maurice Fontaine, Direktor des Naturgeschichtlichen Museums in Paris (1966–1970) und Präsident der Akademie der Wissenschaften (1975/1976), prägte schon in den 1960er Jahren den Begriff »Molysmozän«, um eine bestimmte Phase des Anthropozäns zu umschreiben: das »Zeitalter des Mülls« und der Mensch als »oberster Vermüller«.[40]

Der zweite Begriff, der mir hier unverzichtbar erscheint, ist »Komplexität«. Es wäre illusorisch, naiv und unsinnig zu glauben, dass allein die industrielle Revolution und die damit verbundenen Errungenschaften der Technik hinter all den Fehlentwicklungen stünden. In seinem Buch *Écoumène*[41] [Ökumene] zitiert der Geograf und Orientalist Augustin Berque eine Phrase von Jean-Marc Besse, die sinngemäß lautet: »zwischen mir und mir die Erde«. Er rückt damit eine ökologisch ausgerichtete Geografie in den Blick, welche die Erde und ihre Bewohner als unauflösbare Einheit betrachtet. Im Buch *Heimatland Erde* beschreibt Edgar Morin ein Universum der Wechselbeziehungen, in dem wir alle Akteure der Veränderungsprozesse sind, die unser Leben, unser Denken und Wissen, aber auch unser Alltagshandeln bestimmen:

> Und gerade jetzt – zu dem Zeitpunkt, an dem die über den Globus zerstreuten Gesellschaften miteinander in Verbindung treten,

> zu dem Zeitpunkt, an dem sich das Schicksal der Menschheit in kollektiver Art und Weise vollzieht – wird ihnen die Bedeutung zuteil, uns unser irdisches Heimatland erkennen zu lassen. [...] Wir sind diesem Planeten solidarisch, unser Leben ist an sein Leben gebunden.[42]

Landwirtschaft, Gesundheit, unsere Ökosysteme auf dem Land und in den Ozeanen, die Trinkwasserversorgung sind rund um den Globus durch die Auswirkungen des Klimawandels bedroht, welche die Existenzgrundlage ganzer Bevölkerungsgruppen gefährden. Sie treffen Arm und Reich in allen Ländern vom Äquator bis zu den Polkappen, Inseln, Atolle, Kontinente. Ausführlich warnt der Weltklimarat (IPCC)[43] nicht erst in seinem letzten Sachstandsbericht vor den »hohen bis sehr hohen« Risiken eines Temperaturanstiegs durch Treibhauseffekte um 4 Grad Celsius, etwa vor »Artensterben in signifikantem Umfang«, »Gefährdung der Ernährungssicherheit«. Immer noch »erhebliche« Risiken bestehen bei einer Erwärmung um 1 oder 2 Grad Celsius über dem vorindustriellen Niveau.

Ein Anstieg von 2 Grad könnte zu einem Rückgang des Welteinkommens zwischen 0,2 und 2 % führen.[44] Selbst die Folgen eines geringeren Anstiegs stellen eine immense Bedrohung für unsere Gewässer, die Ernährungssicherheit, unsere Ökosysteme und Wetterbedingungen dar, das müssen wir uns immer wieder klar machen. Schlechte Nachrichten also für Küstenstädte, wenn der Meeresspiegel ansteigt; schlechte Nachrichten für uns alle, wenn die weltweite Nahrungsversorgung zurückgeht, wenn Extremwetterlagen zunehmen und das Artensterben weitergeht. Immer mehr Menschen werden gezwungen, vor den Auswirkungen der Erderwärmung zu fliehen; Massenmigration, Entstehung neuer Krankheiten und Epidemien, Ressourcenschwund, plötzliche Extremwetterereignisse (Starkregen, Sturzfluten, Wirbelstürme und dergleichen) bergen neue Risiken.

Die Beschaffenheit urbaner Räume kann direkten Einfluss auf die durch den Klimawandel geschaffenen Probleme nehmen, wie die Schaffung von Kälteschneisen zur Abmilderung extremer Hitzewellen beispielhaft zeigt. Im Extremsommer 2003 wurde ein Unterschied von 4 Grad Celsius zwischen den innerstädtischen Bezirken in Paris und den Außenbezirken gemessen. Damals starben in Frankreich fast 20.000 und in Europa insgesamt etwa 70.000 Menschen an den Auswirkungen der anhaltenden Hitze. In Paris, so belegt eine Studie von Emmanuelle Cadot und Alfred Spira,[45] waren die Folgen besonders drastisch. Zwischen dem 1. und dem 20. August 2003 gab es eine Steigerung der Sterblichkeit um fast 190 % im Vergleich zu den Vorjahren. Die Untersuchung zeigte die komplexen Zusammenhänge zwischen sozialer Situation, Gesundheitszustand und Umwelteinflüssen auf und lieferte Hinweise auf ein erhöhtes Risiko im innerstädtischen Bereich, verglichen mit ländlichen Räumen, aufgrund sozioökonomischer Faktoren, die Städte im Krisenfall schwächten und anfälliger machten.

Zwanzig Jahre später sind anhaltende Hitzeperioden zu einem festen Bestandteil städtischen Lebens geworden. Die Frage ist nicht, ob, sondern nur, wann die nächsten Hundstage kommen und wie lange sie dieses Mal dauern.

Angesichts der wachsenden Unsicherheit, wie das Klimaabkommen von Paris 2015 noch einzuhalten ist, erscheint es umso dringender, die große Verantwortung von Städten und Gemeinden in diesem Bereich zu betonen und die herausragende Rolle der Bürgermeisterinnen und Bürgermeister und deren internationale Netzwerke in den Blick zu rücken. Denn eine nachhaltige Einhegung der Erderwärmung und die Verringerung von Treibhausgasemissionen bis 2050 ist vor allem eine politische und ökonomische Frage. Eine enge Zusammenarbeit von staatlichen Institutionen und lokalen Regierungen von großen Städten ist nötig, um die konkreten Probleme des spezifischen Stadtraums aus der Nahperspektive zu erfassen und das Vertrauen der Bürger bei der Umsetzung von neuen Projekten zu gewährleisten. Bürgermeister sind nicht die Transmissionsriemen zwischen lokaler und nationaler Politik. Sie sind das Rückgrat und eigenständige Akteure im Bestreben, Städte für den Klimawandel zu wappnen. Ohne ihren gesellschaftlichen Weitblick, ihr Engagement und ihre Durchsetzungsstärke bewegt sich in unseren Städten nichts.

Der Klimawandel fordert uns alle heraus, ob beim Städte- und Wohnungsbau, beim Verbrauch der natürlichen Ressourcen, bei der Luft- und Umweltverschmutzung, beim Wassermanagement oder im Hinblick auf systemische Faktoren, die unsere Lebensqualität einschränken. Wir sind dabei, unsere Gesundheit und darüber hinaus das Netzwerk der Natur und des Lebens ernstlich zu gefährden. Biodiversität, Grünflächen, sauberes Wasser und lebendige Quartiere sind entscheidend für ein gelingendes Großstadtleben. Die rasante Verstädterung und ungebrochene Anziehungskraft der globalen Metropolen, oft über einen Radius von Hunderten von Kilometern hinaus, haben diese Grundpfeiler jedoch korrodiert und das Verhältnis zwischen städtischem Raum und Mensch, Natur, Biodiversität und Region ins Wanken gebracht.

Im Jahr 2017 veranschaulichten die Bilder des französischen Astronauten Thomas Pesquet aus dem All die bedeutende Rolle der Städte auf unserem Planeten. Obwohl sie bislang nur 2 % der Erdoberfläche einnehmen, lebt bereits über 50 % der Weltbevölkerung dort. Städte verbrauchen 78 % der globalen Energieressourcen, sind für 60 % der Kohlendioxidemissionen weltweit verantwortlich[46] und generieren 80 % des Weltvermögens. Pesquets Bilder führen auch vor Augen, wie stark Umweltverschmutzung und Energieverschwendung das urbane Leben belasten. In zahlreichen Metropolregionen rund um den Globus wird deshalb an einem Paradigmenwechsel gearbeitet, um die Lebensqualität in den Städten zu verbessern, angefangen bei sauberer Luft und Trinkwasserversorgung, über den Erhalt der Biodiversität bis hin zu anderen Formen von Lieferketten und Logistik.

Bereits im Jahr 2013 überstiegen die Treibhausgasemissionen die Schwelle von 400 ppm,[47] die den Grad angibt, an dem die Verschmutzung eine Gefährdung für Menschen darstellt. Seit Unterzeichnung des Kyoto-Protokolls 1997, das die drastische Senkung der CO_2-Emissionen zum Inhalt hatte, ist der Ausstoß um 60 % angestiegen. Der Anteil der Großstädte dabei beträgt 70 %.[48] Sollte also die weltweite Urbanisierung im bisherigen Tempo weitergehen, steht tatsächlich das Überleben der Menschheit am Ende dieses Jahrhunderts auf dem Spiel. »In den kommenden Tagen wird ein neues Hitzehoch erwartet …«, »Es war der heißeste Monat/der heißeste Herbst/das heißeste Jahr seit Beginn der Wetteraufzeichnung …« – solche Phrasen sind mittlerweile überall auf der Welt zur Gewohnheit geworden.

Ein beunruhigender Nebeneffekt ist die Zunahme von unsozialem Verhalten während der Hitzeperioden in Großstädten. Hydranten werden gewaltsam aus ihrer Verankerung gerissen, um »Geysire« zur Abkühlung zu schaffen – in Paris entstanden innerhalb weniger Stunden Hunderte solcher »vertikaler Freibäder«. In einem Artikel für die Tageszeitung *La Tribune* habe ich 2017 dazu geschrieben:

> Die ersten Klimaflüchtlinge befinden sich längst unter uns, sie flüchten aus den Hitzeinseln unserer Städte, in denen sich die Luft auf 35 Grad Celsius und darüber erwärmt. Solche unerträglichen Temperaturen werden langsam zur Regel, und somit wächst die Zahl der »Geysire« und »vertikalen Freibäder«, die mittlerweile in jedem Sommer entstehen. Sie sind mehr als ein Zeichen von unsozialem Verhalten, im Gegenteil, drücken sie doch ein nachvollziehbares soziales Bedürfnis aus, das sich nun lauter artikuliert und deshalb von Anfang an sehr ernst genommen werden sollte.[49]

Immer öfter schockieren uns Bilder von menschlichem Leid, drastischen Verheerungen und vielen Opfern in aller Welt aufgrund großer Hitze und Extremwetterereignissen. Dhaka, Bangladesch, eine der größten globalen »Textilfabriken«, die für einen Niedriglohn etliche Arbeitskräfte beschäftigt und international führende Luxusmarken und Modeketten beliefert, wird immer wieder lahmgelegt, weil Tausende Arbeiterinnen von ihrem Arbeitsplatz flüchten und Betriebe schließen müssen. Der Grund? Die Temperaturen haben erneut einen Höchststand erreicht, und die Menschen verkraften die extreme Hitze in der Millionenstadt nicht mehr, fliehen in Scharen oder müssen in den Hospitälern der Stadt versorgt werden. Mangelernährung und allgemeine Erschöpfung durch viel zu lange Arbeitszeiten verstärken die negativen Auswirkungen der Erderwärmung zusätzlich und gefährden die Gesundheit der Menschen.

Als der Taifun Haiyan 2013 mit fast 360 Stundenkilometer über die Philippinen raste, war ich zufällig vor Ort. Seitdem weiß ich, wie es nach dem Weltuntergang aussieht: Die Verwüstungen, das Leid und die Verzweiflung, die der Sturm hinterließ, der erst kurz vor Vietnam an Stärke verlor, sind kaum zu beschreiben. Hunderttausende Menschen wurden in Sekunden zu wahren Klimaflüchtlingen, mussten ihre Häuser verlassen, um sich in Sicherheit zu bringen, und verloren alles. Auch an eine Tagung auf Sri Lanka erinnere ich mich, im Südwesten der Insel, auf der wir über den Klimawandel, die Auswirkungen auf urbane Räume und den Erhalt des kulturellen Erbes in diesem Teil der Welt diskutierten. Es war sehr deprimierend, dies vor dem Hintergrund debattieren zu müssen, dass die Insel eben von den schlimmsten Monsun-Fluten der letzten fünfzehn Jahre mit zweihundert Toten und mehr als dreihunderttausend Vertriebenen heimgesucht worden war.

Auch Afrika leidet unter der Klimakrise. Immer häufiger kommt es zu Lebensmittelengpässen und einer Gefährdung der Nahrungsversorgung in den Städten, was zu großen sozialen Spannungen und Verwerfungen führt und Millionen von Menschen betrifft. Die Niederschlagsmengen werden immer geringer, und die Durchschnittstemperaturen steigen auch in den afrikanischen Ländern an.

Im argentinischen Buenos Aires ist es längst zur Gewohnheit geworden, während der Sommermonate die Gefahrenstufe Rot auszurufen, die ab 40 Grad Celsius gilt. In manchen Teilen der Stadt erreichen die Temperaturen häufig 47 Grad und mehr. Ein explosives Gemisch aus stetig sinkender Lebensqualität und kaum mehr erträglichen klimatischen Bedingungen führt dort immer wieder zu sozialen Unruhen.

Doch nicht nur die Temperaturen steigen unaufhörlich an. Auch der Meeresspiegel verzeichnet einen bedrohlichen Anstieg, der uns alle beunruhigen muss. Eine von der Weltbank veranlasste Berechnung veranschlagte 2013 die Kosten der Schäden und Verluste nach Überschwemmungen, Hochwasser und Anstieg des Meeresspiegels in den Küstenstädten weltweit bis 2050 auf astronomische 1000 Milliarden Dollar jährlich (750 Milliarden Euro), wenn nicht bald wirksame Schutzmaßnahmen erfolgen. Die Landkarte der globalen Risikostädte wird sich dabei mittelfristig stark verschieben:

> Derzeit folgen dem chinesischen Guangzhou drei US-amerikanische Städte: Miami, New York und New Orleans sind durch den Anstieg des Meeresspiegels stark gefährdet. Mitte des Jahrhunderts verschieben sich die Risiken in Richtung asiatische Schwellenländer, wenn Mumbai und Kolkata an die zweite und dritte Stelle hinter Guangzhou aufrücken, allerdings rangieren Miami, New York und New Orleans weiterhin unter den ersten zehn hochgefährdeten globalen Städten. Betrachtet man Städte, deren Gefährdung in den nächsten fünfzig Jahren proportional den höchsten Anstieg verzeichnen werden, entsteht ein neues Bild: Dann werden die Mittelmeeranrainerstaaten mit Alexandria, Neapel, Beirut, Istanbul, Athen, aber auch Marseille überrepräsentiert sein.[50]

Nur drei Jahre später mahnte ein weiterer von der Weltbank veranlasster Bericht, dass »der Klimawandel nicht nur weiten Teilen der Weltbevölkerung den Weg aus der Armut versperrt, sondern bis 2030 weitere 100 Millionen Menschen in eine Existenz unterhalb der Armutsgrenze zwingen wird.«[51]

Rund um den Globus das gleiche Bild; die Lage verschärft sich mit jedem Jahr weiter. Der Klimawandel ist Realität und bedroht auch den sozialen und zwischenstaatlichen Frieden. Auf der Erde gibt es bereits heute mehr Klimaflüchtlinge als Kriegsvertriebene.

Die *Hauptabteilung Wirtschaftliche und Soziale Angelegenheiten der Vereinten Nationen* (UN DESA) warnt in ihrem Bericht »The World's Cities in 2018«, dass Katastrophen nicht vor Landesgrenzen haltmachen, und präsentiert eine Liste von 679 Städten mit mehr als 500.000 Einwohnern, die durch Überschwemmung, Wirbelstürme, extreme Trockenheit, Erdbeben, Erdrutschereignisse und Vulkanausbrüche, häufig auch in Kombination, in den nächsten Jahrzehnten gefährdet sind. Das Büro der Vereinten Nationen für Katastrophenvorsorge veröffentlichte gemeinsam mit CRED[52], dem europäischen Forschungszentrum zur Epidemiologie von Katastrophen, eine Bilanz, der zufolge allein in den letzten zwanzig Jahren 1,3 Millionen Menschen durch Naturkatastrophen ums Leben kamen und 4,4 Milliarden schwerverletzt, obdachlos oder von Nothilfen abhängig zurückließ.[53]

Die Vereinten Nationen, über UN-HABITAT auch zuständig für urbane Entwicklung und Politik, fordern ihre Mitgliedsstaaten auf, ihren Beitrag zu leisten zur Implementierung eines globalen Aktionsrahmens zur Stärkung der Widerstandsfähigkeit von Staaten, Städten und Kommunen im Katastrophenfall: »Alle Akteure müssen zusammenarbeiten, um im Katastrophenfall Leben zu retten, Vermögenswerte und Gemeingüter zu schützen und die Kontinuität der Grundversorgung zu gewährleisten. Strategische Planung ist hier entscheidend.« Ein Bericht der Weltbank zur Verringerung und Bewältigung von Katastrophen (Global Facility for Disaster Reduction and Recovery, GFDRR) von 2019 beschreibt, warum es im Hinblick auf Katastrophenschutz und Wiederaufbau deutlich weniger kostspielig ist, die Widerstandsfähigkeit von Städten und Kommunen zu stärken und systemische Schwachstellen und Anfälligkeiten im Vorfeld zu ermitteln, als nach Überschwemmungen, Wirbelstürmen oder Erdbeben für die Schäden an Brücken, Strommasten und dergleichen aufzukommen.[54]

Im Lauf der Jahrzehnte sind unsere Städte versteinert. Zum einen, weil nach wie vor ohne Ende gebaut wird, zum anderen, weil wir noch immer den Individualverkehr mit dem privaten Auto priorisieren, und drittens, weil das Bewusstsein für das Bedrohungspotenzial des Klimawandels noch nicht ausreichend vorhanden ist. So entstand eine urbane Landschaft, in der biologische Vielfalt funktional ausgelagert nur auf Grünflächen vorkommt, die gleichzeitig als Freizeitparks für gestresste Stadtbewohner dienen. Und obwohl Begrünung und Beschattung entscheidend für das Stadtklima sind, gibt es immer weniger Vegetation in den Betonwüsten. Hier bedarf es dringend einer Kehrtwende, sonst ist ein Leben in großen Wohnsiedlungen in Zukunft kaum mehr erträglich – mit verheerenden Folgen für das soziale Zusammenleben.

Pflanzen und Bäume sind essentieller Bestandteil unserer Lebenswelt und für den urbanen Stoffwechsel unerlässlich. Sie binden Kohlenstoff und erzeugen Sauerstoff. Gleichzeitig erhöhen sie die Lebensqualität und Attraktivität von Städten. Sie stärken das Wohlbefinden und die Beziehung der Menschen untereinander. Und selbst die dichtbebaute Stadt kann, so für ausreichend Baumbestand und Bepflanzung auf den alltäglichen Wegen gesorgt ist, die Verkehrsströme reduzieren, die entstehen, um »ins Grüne« zu fahren. Doch nicht nur das Mobilitätsverhalten, sondern auch der Chrono-Urbanismus, also der Rhythmus der Stadt, der Orte, Fortbewegung und Zeit synchronisiert, wird auf diese Weise positiv beeinflusst, was zu einer qualitativen Verbesserung des urbanen Zusammenlebens beiträgt. Neben Begrünung sind auch hydrologische Aspekte wichtig für eine nachhaltige Stadtentwicklung, und beides muss Hand in Hand gehen. Mit sinkenden Grundwasserspiegeln und immer längeren Strecken bis zu den Wasserspeichern in den Talsperren wird die Wasserversorgung zum Problem. Rapide Verdunstung aufgrund von Hitzeperioden, zu geringe Niederschlagsmengen, aber auch massive Starkregenereignisse, bei denen in einer Stunde so viel Regen fällt, wie sonst nur in Monaten, wirken sich negativ auf die Versorgungssicherheit und das urbane Leben insgesamt aus. Um unsere Städte für die nächsten Jahrzehnte zu wappnen, ist ein verändertes Wassermanagement unabdingbar. Der *Umbau der Stadt* erfordert eine nachhaltige Strategie zur systematischen Förderung von Stadtnatur, Grünflächen und Zugang zu Wasser. Und auch die Energiewende ist Teil eines notwendigen Paradigmenwechsels hin zu Klimaneutralität und erneuerbaren Ressourcen, die jedoch ohne eine ambitionierte, durchsetzungskräftige politische Steuerung nicht zu bewerkstelligen ist. Der Ausbau eines Netzes aus grünen und blauen Bändern, Parkanlagen, die Renaturierung von Flussläufen und Kanälen, künstlich angelegte Wasserlandschaften, öffentliche Badestellen und Trinkbrunnen müssen beim Umbau zu einer Stadt für alle in der Kommunalpolitik einen zentralen Stellenwert erhalten.

Unter dem Dach der Organisation »World Urban Parks«[55] versammeln sich inzwischen Initiativen aus aller Welt, die sich für mehr Grün in den Städten, für die Entwicklung und den Ausbau von Parkanlagen, offenen Flächen und Erholungsgebieten einsetzen. Dies ist ein wegweisender Schritt zur Bündelung von Zukunftsvisionen, innovativen Ideen und gelungenen Umsetzungen in den Bereichen Umwelt- und Naturschutz, Freizeit und Erholung, Gesundheit und Sport.

Neben Energie- und Verkehrswende, Verbannung von Privatfahrzeugen und Verbrennungsmotoren aus den Innenstädten müssen wir angesichts der desolaten globalen Energiebilanz allerdings auch unseren individuellen Lebensstil verändern. Weitermachen wie bisher, ist keine Option. Das bereits zitierte Zwischenstaatliche Expertengremium für Klimaveränderungen der UN ließ 2012 ein Energiegutachten erstellen (Global Energy Assessment GEA)[56], das die maßgeblichen Einflussgrößen des Treibhauseffekts benennt: die geografische Ökonomie der Städte, unser Verbrauchsverhalten, Ineffizienz bei der Endnachfrage und infrastrukturelle Faktoren. Je schneller die Verstädterung voranschreitet, je mehr hypermetropolitane Regionen entstehen, desto dringender müssen die Folgen für die räumliche Fragmentierung des Stadtraums, für die Verdichtung und demografische Entwicklung und für die soziale Struktur bei allen politischen Entscheidungen abgewogen werden. Die Gleichung: Leben »in der Vorstadt« plus privates Automobil ließ *diffuse* Metropolen entstehen, die durch räumliche Diskontinuität, uneinheitliche Verdichtungscluster und große soziale Unterschiede in der Bevölkerungsstruktur gekennzeichnet sind. Monofunktionale Siedlungsteile, Nord-Süd- und Ost-West-Effekte aufgrund der geografischen Trennung von Wohnen und Arbeiten, sowie ein konsumorientierter Lebensstil wirken als Verkehrsverstärker, insbesondere, wenn grüne Zonen und Erholungsräume nur spärlich oder überhaupt nicht vorhanden sind. Übermäßiges Verkehrsaufkommen, Staus, Verstopfung, Verkehrsinfarkte sind die Folge, nicht zuletzt deshalb, weil der Besitz des eigenen Autos viel zu lange als Statussymbol und Indikator für Erfolg und Geld angesehen wurde, insbesondere in Mittelschichtskreisen.

Eine weitere beunruhigende Entwicklung, die Erderwärmung und Artensterben beschleunigt, ist das Wuchern der Städte hinein in landwirtschaftlich genutzte Bereiche und Naturschutzgebiete. Agrarflächen und fruchtbare Böden bilden die Grundlage für die Bewohnbarkeit unseres »blauen« Planeten. Doch die rasante Verstädterung und der Bau neuer Straßen und Infrastrukturen verschärfen das Problem der Landdegradation. Das Ausmaß der Versiegelung der Böden in Europa ist in den letzten Jahrzehnten doppelt so rasch gewachsen wie die europäische Bevölkerung.[57]

Bereits vor der Pariser Klimakonferenz COP21 im Jahr 2015 benannte ein Bericht der Europäischen Union undurchlässige Bodenschichten wie Beton und Asphalt als Hauptursache für Bodendegradation und Landverödung.[58] In Europa gehen dennoch bis heute jedes Jahr mehr als tausend Quadratkilometer Wald und Boden durch den Ausbau von Infrastruktur verloren. Die Hälfte dieser Fläche wird dauerhaft durch Beton- und Asphaltschichten versiegelt. Die Folgen: Regenwasser kann nicht versickern, Grundwasserpegel fallen, während das Überschwemmungsrisiko steigt und Wasserknappheit droht. All dies wiederum trägt zur globalen Erwärmung bei und gefährdet die biologische Vielfalt. Die wertvolle Funktion der Böden, Wasser zu speichern und zu reinigen, geht durch die Versiegelung ebenfalls verloren, auch die Verwertung organischer Substanzen findet nicht mehr statt. Und natürlich wächst auf Beton auch kein Baum und keine Pflanze mehr. Ohne Vegetation wird kaum noch Kohlenstoff im Boden gebunden, die regulierenden Effekte auf Mikroklima und Lufttemperatur entfallen, und ohne Photosynthese wird weniger Sauerstoff produziert. Der Druck auf die biologische Vielfalt in den Stadtrandgebieten wächst mit einer Art der Verstädterung, die auf räumlicher Fragmentierung, Bodenversiegelung und Ressourcenerschöpfung fußt. Hier sind die politischen Entscheidungsträger gefordert, nachhaltige Raumordnungspläne zu entwickeln und umzusetzen. Die Folgen der Bodenversiegelung sind zu gravierend, um sie dem freien Markt, privaten Unternehmen und Bauträgern zu überlassen. Eine nachhaltige Raumordnungspolitik muss auf den Erhalt oder die Wiederherstellung eines ausgewogenen Verhältnisses zwischen privatem Grund und Boden, öffentlichem Grund, Biodiversität und Gemeingütern auf kommunaler wie regionaler Ebene ausgerichtet sein und:

- die räumliche Kontinuität durch Mischnutzung und räumliche Zusammenlegung unterschiedlichster Wirtschaftsaktivitäten und Einrichtungen befördern;
- einen qualitativen Ansatz verfolgen, der den Menschen und seine Bedürfnisse ins Zentrum stellt und sich auf Ausbau und Rückgewinnung von Gewässern, Flussläufen, Grünflächen fokussiert, um mehr Stadtnatur zu schaffen;
- den Lokalbezug, die nachbarschaftliche Nähe und das Zusammenleben in den Städten priorisieren, insbesondere die Erreichbarkeit von wichtigen Einrichtungen und die Möglichkeit der Erkundung der Quartiere zu Fuß oder mit dem Fahrrad;
- die physische und soziale Konnektivität zu anderen Bereichen stärken und Diversität, Mischnutzung, den Fokus auf das *Gemeinschaftseigentum* und kurze Wege in jeder Hinsicht fördern.

Wenn wir unser Leben ändern wollen, müssen wir unsere Städte verändern! Dazu sind neue, auf Nachhaltigkeit ausgerichtete Leitbilder nötig, die auf dem Prinzip Kreislaufwirtschaft basieren und einen radikalen Wandel in unserem Konsumverhalten durch Recyclingprozesse und Wiedereinspeisung von Abfallprodukten in den urbanen Kreislauf befördern. Eine andere Form von Stadt ist nötig, in der wir anders arbeiten und uns anders fortbewegen; eine klimaneutrale, emissionsfreie Stadt mit ressourcenschonender Bewirtschaftung und grüner Energie. Mindestens ebenso dringend muss jedoch auch über neue Verwaltungsmodelle und Regierungsbefugnisse, neue Besteuerungsmodelle, Marktregulierungsmechanismen und Standards nachgedacht werden. Und vor allem müssen wir selbst unsere Haltungen, Gewohnheiten und Handlungsmuster in Frage stellen und den Einsatz von neuen Informations- und Kommunikationstechnologien vorrangig zur Verbesserung der urbanen Lebensqualität mit neuartigen Dienstleistungen und Nutzungsangeboten nutzen.

Anlässlich des Todes des großen Philosophen und Soziologen Zygmunt Bauman 2017 habe ich ihn – er prägte den Begriff der »Flüchtigen Moderne«[59] – mit einem längeren Zitat auf meiner Webseite gewürdigt, in dem er über Urbanität im Übergang und die Notwendigkeit der Verringerung unseres klimatischen Fußabdrucks nachdenkt. Bauman war stets eine Quelle der Inspiration im Hinblick darauf, die materiellen und immateriellen Konturen der Stadt neu zu umreißen, und zwar als polyzentrische Struktur mit Mischnutzung der vorhandenen Infrastruktur, um dem Klimawandel und fortschreitenden Ressourcenschwund wirkungsvoll zu begegnen.

Mit Bezug auf kulturelle Differenz und Urbanität schrieb er einmal sinngemäß: Globalisierung vollzieht sich nicht im Cyberspace, diesem fernen Anderswo, sondern hier, direkt bei uns zuhause, vor der Tür, auf den Straßen, durch die wir täglich streifen. Städte sind wie Halden, in denen sich die verschiedenen Sedimente der Globalisierungsprozesse absetzen. Doch sie funktionieren auch als eine Art Schule des Lebens, die Tag und Nacht allen offensteht, in der wir lernen können, mit der Vielfalt und Verschiedenheit der Menschen zu leben und vielleicht Freude daran zu entwickeln, um auf diese Weise Differenz nicht mehr als Bedrohung wahrzunehmen. Es ist die Aufgabe von Stadtbewohnern sich, umgeben von Andersheit, allen Bedrohungen, aber auch Chancen, die das urbane Leben bereithält, zu stellen. Die »buntgefächerte städtische Landschaft« weckt Sehnsüchte nach, aber auch Ängste vor der »Vermischung«. Der alltägliche Umgang mit Nachbarn, die einen anderen kulturellen Hintergrund haben, kann helfen, eine als beängstigend erscheinende Wirklichkeit zu domestizieren, die umso furchteinflößender wirkt, wenn man sie als »Kampf der Kulturen« versteht.

Die Mobilisierungskraft der Städte, die sich zum Beispiel im Netzwerk *C40 Cities* zeigt, ist ein wesentlicher Schritt hin zu mehr strategischer Einflussnahme auf globaler Ebene und zur Stärkung ihrer Positionen. Flankiert von internationalen Zusammenschlüssen engagierter Bürgermeisterinnen und Bürgermeistern aus aller Welt, verweisen sie auf einen Bewusstseinswandel, der die immense politische und gesellschaftliche Kraft und Bedeutung der globalen Städte anerkennt und sie als Impulsgeber für neue Strategien und Leitbilder konturiert in einer Welt, die sich wandeln muss, wenn wir überleben wollen. Vorreiter sind Städte wie Paris, New York, Los Angeles, Chicago, Portland, Seoul, Tokio, Medellín, Buenos Aires, Sydney, Auckland, Vancouver, Toronto, Montreal, Kigali, Köln, Chennai, Guangzhou, die alle dem Netzwerk *C40* angehören und sich bereits durch mutige Maßnahmen hervortun, auch wenn noch ein langer Weg bevorsteht.

Klimaneutralität und CO_2-Reduzierung sind die Voraussetzung dafür, dass auch nachfolgende Generationen noch auf unserem Planeten leben können. »Smarte«, intelligente Städte müssen deshalb vor allem ihre Anpassungsfähigkeit an veränderte Umweltbedingungen beweisen. Konkrete kommunale Lösungsansätze und Strategien für einen nachhaltigen Stadtumbau müssen staatliche Maßnahmen flankieren, manchmal auch korrigieren. Die rasante Urbanisierung unserer Lebenswelt hat neue Rahmenbedingungen produziert, denen nun unter Beteiligung der Stadtgesellschaft und einer Ausrichtung an *best practices* mit neuen Ansätzen und innovativen Ideen begegnet werden muss. Bürgermeisterinnen und Bürgermeister stehen in der Verantwortung, eine ihrer zentralen Aufgaben – die Verbesserung der Lebensqualität ihrer Bürgerinnen und

Bürger – in eine ganzheitliche, realisierbare Form von Stadterneuerung zu überführen, die sämtliche Aspekte von Wohnqualität und Mobilität, über Gesundheit, bis hin zu sauberer Luft, sauberem Wasser und Klimaanpassung im Blick behält. Seit der COP21 ist die Bedeutung der Städte und urbanen Ökosysteme und damit die wichtige Rolle der Bürgermeister als Motoren des Wandels in den kommenden Jahrzehnten unstrittig. Ohne Bürgerbeteiligung, Stärkung der regionalen Ökosysteme und ausreichende Finanzierungsmittel wird dieser Wandel jedoch nicht gelingen. In strategischer Hinsicht stellt sich die Frage, inwieweit große Städte und Metropolregionen zu autonomen Entscheidungen und auch unabhängig von staatlicher Gesetzgebung und Vorgaben zum Handeln befugt sind.

»Mehr Haushaltsautonomie und Regulierungshoheit, sowie Zugriff auf grüne Finanzierungsmöglichkeiten sind nötig, um unsere Maßnahmen sinnvoll zu erweitern«, verlangten die Unterzeichner der Abschlusserklärung eines Klimagipfels von 1000 Bürgermeistern aus aller Welt in Paris 2015, der parallel zur COP21 stattfand. Kommunalpolitik positioniert sich erfolgreich als neuer Kraftpol, der durch »positiven Druck« den Wandel voranbringen will. Unter dem Motto »1000 Bürgermeister im Einsatz fürs Klima« traten damals erstmalig die wichtigsten europäischen und globalen Netzwerke wie *United Cities and Local Governments* (UCLG), *Local Governments for Sustainability,*[60] *C40,* die *Internationale Organisation Großer Städte in Frankophonen Ländern,*[61] und der *Rat der Gemeinden und Regionen Europas (Council of European Municipalities and Regions,* CEMR)[62] zusammen, um konkrete Ansätze und Maßnahmen der urbanen Transformation zu diskutieren: Elektrobusse, autofreie Innenstädte, Umwandlung von Verkehrsstraßen in Fußgängerzonen und Promenaden, Entwicklung von Grünflächen und Parks entlang der innerstädtischen Flussufer, Förderung von energetischer Gebäudesanierung und Solaranlagen mit dem Ziel einer klimaneutralen Energiebilanz, Begrünung von Dächern und Mauerwerk, urbane Landwirtschaft und Stadtnatur, Einbeziehung der Bürger bei der Messung von Luftqualität und darüber hinaus umfassende Partizipationsmöglichkeiten bei der Neugestaltung des Stadtlebens sind nur einige wichtige Schritte in die richtige Richtung, die auf kommunaler Ebene umgesetzt werden. Der Kampf der 1000 Bürgermeister ist auch unser Kampf, und ihnen gehört die Zukunft, vorausgesetzt, staatliche Behörden und staatliche Politik sind entschlossen, auf die Stimmen der Kommunen zu hören, die sich für einen Leitbildwechsel stark machen, und in einen Dialog mit ihnen zu treten.

Im Jahrhundert der Städte sollten wir eng an ihrer Seite stehen und uns für einen nachhaltigen Stadtumbau engagieren. Für uns, vor allem aber für die kommenden Generationen. Die Herausbildung einer neuen sozio-ökologischen Lesart, angepasst an das menschliche Maß, ist nicht länger aufzuschieben angesichts der Herausforderungen des Klimawandels und der größer werdenden sozialen Ungleichheit in den Städten weltweit. In uns allen sollte deshalb die Einsicht reifen, dass die Metamorphose der Stadt hin zum Kommunalen und ein neuer Fokus auf Gemeinwohl, Gemeingut und Teilhabe die bestimmenden Themen der nächsten Jahrzehnte bleiben.

3

Urbane Komplexität

Die multiple Stadt – unvollendet, unvollkommen, fragil

Erdgeschichtlich leben wir seit der letzten Eiszeit vor 10.000 Jahren im Holozän, das sich klimatisch durch eine Warmzeit und damit einhergehendem Bevölkerungswachstum auszeichnet. Dem folgte der Übergang zu Sesshaftigkeit und Ackerbau. Der Mensch war nun gekommen, um zu bleiben, und von seinem Behauptungswillen zeugen nicht nur die Bändigung des Feuers und die Kontrolle über Rohstoffe, sondern auch frühe Artefakte. Von den kreuzförmigen Einkerbungen an der Felswand in der Gorham-Höhle[63] im Küstengebirge Gibraltars, die vor 39.000 Jahren der Abgrenzung von Wohnbereichen diente, bis in die Gegenwart hinein geht die menschliche Besiedelung eines Gebiets einher mit kreativen Aneignungs- und Umgestaltungsprozessen. Im Anthropozän wird der Mensch als entscheidender Faktor des Wandels sichtbar. Die Besiedelung von Territorien gab stets Anlass zu sozialen Konflikten und Kriegen, es ging um die Erschließung von Ressourcen und die Sicherung von Macht.

Fast 40.000 Jahre dauerte es, bis die Besiedlungen in den unterschiedlichsten Klimazonen und Breitengraden rund um den Planeten 1960 eine Bevölkerungszahl von drei Milliarden Menschen erreichten. Nur vierzig Jahre später hatte sich die Weltbevölkerung bereits verdoppelt. Im Jahr 2014 lebten 50 % aller Menschen in urbanen Zentren.[64] Die Städte wuchsen und trotzten Kriegen, Krisen und Katastrophen, während Königreiche und Imperien, Staaten und Nationen zerfielen oder neu entstanden. Als überdauernde sozioterritoriale Struktur bilden Städte seit jeher einen festen Bezugspunkt der Menschen im Umgang mit den Herausforderungen ihrer Zeit. Nun zeichnet sich jedoch ab Mitte des letzten Jahrhunderts ein Riss im Verhältnis zwischen Mensch, Natur und Territorium ab, der alle Seiten schwächt. In den vergangenen zwanzig Jahren beschleunigte sich diese Entwicklung trotz etlicher Konferenzen und internationaler Austauschbemühungen etwa im Rahmen der Vereinten Nationen, G8 oder anderer globalen Foren rasant. Hauptverantwortlich dafür sind ein Gesellschaftsmodell, das auf Massenproduktion und Massenkonsum fußt, und eine nicht nur urbane Lebensweise, die den Individualverkehr und rastlose Bewegungsströme priorisiert. Der urbane Mensch entfremdet sich zunehmend von der Natur und von den öffentlichen Gütern und Grundelementen unseres Ökosystems: Luft, Wasser, Erde, Feuer (als Energielieferant).

Die Luft in den Großstädten ist inzwischen in einem Maße verschmutzt, dass sie nicht nur dem Gemeinwohl, sondern dem Wohl jedes Einzelnen schadet. Trinkwasser ist zur knappen Ressource geworden, wenn es nicht gerade mit unkontrollierbarer Macht als Unwetter und Flut über uns hereinbricht. Feuer aus fossilen Brennstoffen gebändigt und zum Energielieferanten gewandelt, trägt den größten Anteil an der Verschmutzung der Umwelt, insbesondere in Form von Verbrennungsmotor oder Wärmekraftmaschine. Und fruchtbare Böden degenerieren und werden durch Urbanisierung, oft ohne Regulierung, versiegelt und vereinnahmt, obwohl sie gerade für eine sich zunehmend urbanisierende Spezies umso überlebensnotwendiger wären. Vor allem in den »informellen« (Euphemismus für eine dramatische Entwicklung) urbanen Ansiedlungen und Slums des Globalen Südens und im asiatischen Raum ist der Kampf um jeden Zentimeter Land allgegenwärtig.

Die Hintansetzung der komplexen Zusammenhänge und vielfachen Verwobenheit des urbanen Lebens mit den natürlichen Ressourcen und die damit einhergehende Vernachlässigung menschlicher Grundbedürfnisse hatben verheerende Folgen. Die verbindenden Strukturen des Alltagslebens fragmentieren und lösen sich auf, weil sich Einzelentscheidungen und isolierte Projekte lokaler Verwaltungen nicht mehr am menschlichen Maß orientieren. Die globale *Megalopolisierung* schreitet voran; das urbane Wachstum wird seit der Industriellen Revolution nicht nur durch die Entstehung von Nationalstaaten im letzten Jahrhundert, sondern auch durch die digitale Revolution von heute und zahllose Naturkatastrophen rund um den Globus weiter befördert.

Um so unterschiedliche Phänomene der Gegenwart wie Migrationsströme, Energiesicherheit, Management und Logistik von Rohstoffen, Mobilität und Verkehr, Klimawandel und seine Auswirkungen, Naturkatastrophen und Krisen aller Art in ihrer tieferen Bedeutung zu verstehen, müssen sie in ihrem *komplexen* Zusammenhang betrachtet werden, in ihrer engen Vernetztheit mit allen Wechsel- und Rückkoppelungswirkungen. Der urbane Raum vereint eine Vielzahl von unterschiedlichen Erwartungen, Bedürfnissen, Gewohnheiten, Strömen und Dienstleistungen, die Wohnen, Ernährung, städtische Umwelt, Bildung, kulturelle Angebote, Transport, Gesundheit, Sicherheit, Energie- und Abfallwirtschaft, Kommunikation strukturieren. Nur wenn wir die Komplexität und Dynamiken ihres Zusammenspiels wieder in den Blick rücken, werden neue, nachhaltige Lösungsansätze, neue Konzepte der Stadt und neue gesellschaftliche Paradigmen erkennbar und möglich.

Zwei weitere, dem Urbanen innewohnende Aspekte erhöhen diese Komplexität: das Entstehen neuer Verhaltensweisen und Routinen, sowie Anpassungserfordernisse angesichts von Störungen und Bedrohungen aller Art. Natur und Umwelt, Produktions- und Konsumptionsmuster, aber auch die Formen des technischen Fortschritts und der Digitalisierung sind ein Spiegel dessen, wie der Mensch sich Ressourcen aneignet und untertan macht, um eine Zukunft zu sichern. In seinem Buch *Carbon Democracy*[65] illustriert der an der New Yorker Columbia University lehrende Timothy Mitchell, wie Staatsform, Energiequelle und Lebensstil sich gegenseitig beeinflussen und zusammenspielen. Er untersuchte, wie sich verschiedene politische Systeme im Lauf der Geschichte bestimmte Energiequellen nutzbar machten. Sehr anschaulich zeigt sich dies in jüngerer Vergangenheit, als sich die Welt rund um den Rohstoff Öl mitsamt seinen Industriekonzernen und Finanzinstitutionen neu ordnete. Daraus erwuchsen neue, wechselseitig wirksame Handlungs- und Verhaltensweisen, die unseren Alltag bis heute prägen.

Ein anderes Zeitverständnis beschleunigte den Takt und Rhythmus des Lebens nachhaltig überall auf der Welt, weit über den städtischen Raum hinaus bis in ländliche, weniger dicht besiedelte Regionen hinein. Als Phänomen der Urbanisierung ist Beschleunigung der aggregierte Ausdruck unserer Zeit und Zivilisation, ein wesentliches Merkmal der menschlichen Existenz, das alles Handeln rahmt und lenkt. Die Bauten streben ins Vertikale, der Dienstleistungssektor schwillt immer weiter an, die Gentrifizierung der Innenstädte nimmt kein Ende, der Ausbau von Straßen und Autobahnen rückt das Entlegene in erreichbare Nähe und generiert Ballungsgebiete, Metropolregionen, Megalopolen und hyperregionale Zentren. Im Wechselspiel mit Massenproduktion und Massenkonsum hat das exponentielle Wachstum der Städte in kürzester Zeit vier neuartige, einander bedingende Risiken generiert: eine zunehmend bedrohte Umwelt, extreme soziale Spaltung, eine gefährliche räumliche Segregation sowie Verlust der kulturellen Unterschiede.

Der Gewinn, der die Stadt als Lebensraum anziehend macht, ist untrennbar verbunden mit ihren Kehrseiten; Fülle und Reichtum der Stadt gehen einher mit Armut und Angst. Die mit ihrem historischen Erbe glänzende Stadt ist dieselbe Stadt, in der auch Vandalismus und asoziales Verhalten an der Tagesordnung sind. Und die florierende Geschäftsmetropole ist zugleich die Stadt, in der sich Menschen zwischen drei verschiedenen Jobs aufreiben müssen, um zu überleben, sei es in New York und Queens, Shanghai und Pudong, Tokio und Shinjuku.

Komplexität entsteht durch Wechselwirkungen, Rückkopplungen, Abhängigkeiten, Anpassung und Emergenz, sie formen das Leben und den Alltag der Menschen. Diese systemische Perspektive leitet meinen Blick als Stadtplaner und mein Interesse an der Stadt-Fabrik in ihrer sozialen Ausformung, Attraktivität und Wirtschaftlichkeit, die ich nicht nur unter dem Aspekt von Infrastruktur oder Digitalisierung betrachte, sondern stets durch das Prisma des Humanen, mit dem Fokus auf den Menschen, seinen Bedürfnissen und sozialräumlichen Aneignungspraktiken. Die Stadt ist vor allem als Kontext, als Lebensraum und Ort des Austauschs eigener Prägung und Komplexität zu sehen; als Ausdruck eines gemeinsamen politischen Willens ihrer Bewohner und historisch gewachsenes, kollektiv gelebtes Projekt. Diese Spezifik des Kontexts in seiner ganzen Komplexität zu erfassen, ist das Entscheidende bei der Transformation des Urbanen.

Am Beispiel von Carsharing lässt sich zeigen, wie unterschiedlich sich die kontextuelle Spezifik auswirkt. In europäischen Großstädten erfährt Carsharing eher breite Akzeptanz und Unterstützung in der Bevölkerung, weil sie den Aspekt der Kostenersparnis und Schonung der Umwelt hoch bewertet. In Lateinamerika und in den USA ist die soziale Akzeptanz von Carsharing eher gering, weil in diesem Teil der Welt das eigene Auto nach wie vor als wichtiges Statussymbol gilt und Umweltaspekte eine untergeordnete Rolle spielen. Aus ähnlichem Grund ist der Widerstand gegen klimafreundliche Fortbewegungsmittel wie das Fahrrad im Süden Europas, auch in Frankreich, viel größer als in nordeuropäischen Ländern, deren Bewohner sich in den letzten Jahrzehnten immer öfter gegen die Nutzung des eigenen Pkw entscheiden.

Allen Unterschieden zum Trotz bleibt jedoch die Stärkung der Lebensqualität der wichtigste gemeinsame Nenner bei der Stadterneuerung. Umso begrüßenswerter ist daher, dass auch politisch Verantwortliche in Städten und Kommunen einen systemisch-holistischen Ansatz übernehmen und den Fokus auf die Komplexität des urbanen Lebens richten. Viele Stadtregierungen versuchen nun ambitionierte Ziele von drei Richtungen her voranzutreiben und setzen dabei auf soziale Inklusion, auf Umgestaltung der urbanen Infrastruktur und auf Digitalisierung. Das ist ein großer Fortschritt, der jedoch allzu häufig gebremst wird durch Steuerungsmechanismen, die von oben nach unten und nach getrennten Sektoren, Zuständigkeiten und Befugnissen funktionieren. Entscheidend ist aber, die Komplexität des Urbanen endlich als Realität und Grundvoraussetzung für den Stadtumbau im Zeichen des Klimawandels anzuerkennen. Aus dem Blick gerät dabei häufig, dass die Stadt stets das unvollendete Projekt auch in der Nach-Moderne bleiben wird. Die ideale Stadt ist eine Illusion. Sie ist immer im Werden und ständig im (Um-)Bau. Die Stadt bleibt unvollkommen, ganz gleich, wie groß die Visionen und wie nachhaltig die Pläne von Regierenden sein mögen. Mängel, Baustellen, Behinderungen, aber auch Vandalismus wird es immer geben, auch sie sind Teil der Komplexität des Urbanen. Das Unbeständige, Fragile ist das Beständige; die Stadt ist anfällig für Störungen, kleinste Erschütterungen können die größten Probleme im Betriebsablauf verursachen.

Die Komplexität des Urbanen verlangt neben Bescheidenheit auch eine gewisse Zurückhaltung im Hinblick auf egomanische Großprojekte. Hier sollte sich bei Regierenden die Einsicht durchsetzen: Unsere Zeit ist begrenzt, die Stadt ist ewig, sie war vor uns da und wird uns noch lange überdauern. Stattdessen wäre mehr Kontinuität im Hinblick auf die Sicherung der Grundversorgung und Qualität des Lebens in der Stadt und die Verfügbarkeit von öffentlichen Gütern angesagt. Der Ariadnefaden, der durch die urbane Komplexität leitet, muss entlang neuer Pfade gespannt werden. Ubiquität, globale Vernetzung und davon abgeleitete Unmittelbarkeitseffekte führen seit Anfang des neuen Jahrtausends zu einem tiefgreifenden Wandel im Verhältnis von städtischem Leben und der Darstellung und Wahrnehmung der Stadt. Neue Medien und soziale Netzwerke bilden, ähnlich wie bei Borges' *Aleph*,[66] den Punkt im Raum, der alle Orte des urbanen Universums in sich enthält, aus allen Blickwinkeln zugleich. Und damit die urbane Komplexität im Grunde verstellt. Die Stadt in all ihren Bildern und Erscheinungsformen ist nun allen in jedem Moment zugänglich. Jeder Mangel, jede Störung, jede Veränderung ist unmittelbar wahrnehmbar und gleichzeitig unterschiedlichsten Sichtweisen ausgesetzt.

Von komplexen Systemen sprechen wir, um insbesondere die engen Verflechtungen und Interdependenzen aller Komponenten eines Ensembles zu betonen. Das vielschichtige städtische Gefüge in vernünftige Bahnen des Wandels zu lenken, um es für zukünftige Herausforderungen zu wappnen, ist allerdings keine leichte Aufgabe, wobei ein großes Problem darin besteht, dass eine Art Phasenverschiebung, ein Auseinanderklaffen zwischen den multiperspektivischen Darstellungen und Momentaufnahmen der Stadt und ihrer realen Komplexität oder komplexen Realität im Spiel ist.

Die Place de l'Étoile in Paris war keineswegs immer ein kreisförmiges Gebilde, auf das zwölf große Verkehrsstraßen sternförmig zulaufen. Bis 1854, zwischen der Zweiten Republik und dem Zweiten Empire, befand sich an der Stelle ein Stadtpark mit einer Rennbahn, breiten Spazierwegen und großen Erholungsflächen. Nachdem der berühmte Baron Haussmann sich an die Umgestaltung der französischen Hauptstadt machte, entstanden überall Baustellen in großem Ausmaß, was den Dichter Charles Baudelaire in seinem Schwanen-Gedicht zur Verzweiflung trieb: »Die Stadt wird mir fremd vor lauter Veränderungen / Ein Menschenherz ach! verändert sich nicht so schnell.«[67] In den 1960er und zu Beginn der 1970er Jahre war Paris erneut eine große Baustelle, skizziert in einem Dokument aus dem Stadtarchiv mit den Worten: »Die Stadt ist nur noch ein Gewirr aus Absperrgittern und Bretterzäunen, ein großer Hindernisparcours.« Überall wurden breite Schneisen für den Individualverkehr in die Stadt geschlagen, denn es war die Hochzeit des Autos als Kult- und Statusobjekt. Der Bau der mehrspurigen Schnellstraße Périphérique, die sich heute ringförmig um die Pariser Innenstadt zieht, begann 1956. Mit 35 Kilometern war sie mehr als doppelt so lang wie der frühere Innenstadtgürtel, die Boulevards des Maréchaux. Der letzte Teilabschnitt der Périphérique wurde erst im April 1973 fertiggestellt. Die Uferpromenaden *rive droite*, zuvor beliebtes Ausflugsziel nicht nur für Familien, das zu beschaulichen Spaziergängen entlang der Seine einlud, wurden ebenfalls in dieser Zeit in eine Schnellstraße umgewandelt. Auch die regionale Schnellbahn RER, die das Zentrum mit den Banlieues und Gemeinden außerhalb von Paris verbinden sollte, befand sich seit 1965 kontinuierlich im Ausbau. Ganz zu schweigen von den gigantischen Baugruben und Straßenbauprojekten damals rund um die Tour Montparnasse.

Die Liste könnte endlos weitergehen. Sie reflektiert eines der Hauptmerkmale der »Fabrikation der Stadt«, nämlich die permanente Mutation des Stadtraums in Anbetracht sich wandelnder gesellschaftlicher Erfordernisse, Vorstellungen und Visionen. »Fabriziert« werden dabei nicht nur Bauten, sondern auch neue Formen des Wohnens und Arbeitens, neue Zugänge zu und Begehbarkeiten von Orten und sozialen Funktionsflächen, wie etwa die großflächigen Umbaumaßnahmen am Standort von Les Halles nach deren Umzug nach Rungis – eine Großbaustelle, die bis zur Einweihung des neuen Forums Les Halles durch den damaligen Bürgermeister Jacques Chirac Ende 1979 zehn lange Jahre währte. Georges Pompidous Vision und Großprojekt wiederum fokussierte sich auf die schönen Künste, denen er ein neues Kulturzentrum im Herzen von Paris bauen ließ, was rund um das Centre Beaubourg, das 1977 seine Pforten öffnete, jahrelang zu gravierenden Behinderungen und Belastungen durch Bauarbeiten führte.

Diese und etliche andere erhebliche und auch erheblich lang andauernden Eingriffe ins Stadtbild geraten in Vergessenheit angesichts der irrigen Vorstellung einer scheinbar unveränderlich »in sich ruhenden« Stadt. Doch die Wirklichkeit ist eine andere: Städte verändern sich immer und überall, beständiger Wandel ist ihr Wesen, die permanente Anpassung an neue Entwicklungen und Herausforderungen ihr Hauptmerkmal. Wie sonst könnten Infrastruktur und Netze (Strom, Gas, Fernwärmetrassen, Wasserrohre und dergleichen) erneuert und modernisiert werden? Wie sollten neue Techniken und Anwendungsmöglichkeiten implementiert werden (durch Verlegung von Glasfaserkabeln, Bau von Fahrradstreifen oder Carsharing-Parkplätzen)? Und wie könnte der Erhalt und die Sanierung von bestehenden Bauten anders gewährleistet werden? Bauarbeiten, Baustellenslaloms und die damit einhergehenden Behinderungen und Unannehmlichkeiten sind eine städtische Realität, ein Korrelat der Mutationen und notwendigen Veränderungen der urbanen Lebenswelt angesichts zukünftiger Herausforderungen. Deshalb halte ich es für entweder demagogisch, mindestens aber leichtsinnig, die Augen vor den tiefgreifenden Veränderungen und Umbaumaßnahmen zu verschließen, die notwendig sind, um unsere Städte für die Auswirkungen des Klimawandels zu wappnen.

Nachdem auch die Arktis massiv vom Klimawandel bedroht wird, rufen viele Städte in der ganzen Welt den Klimanotstand aus und beginnen, sich auf den Umbau einzustellen. Denn ein verändertes Klima an den Polen hat drastische Folgen für die Ökosysteme und Ressourcen unseres gesamten Planeten, wie eine Studie des internationalen Programms SWIPA *(Snow, Water, Ice and Permafrost in the Arctic)* des Arktischen Rats verdeutlicht.[68] Sie warnt insbesondere vor dem Abschmelzen eines Großteils des Meereises im arktischen Ozean bis 2030, möglicherweise früher. Die Konsequenz: »Durch tauende Permafrostböden, die bisher fast die Hälfte der Kohlenstoffemissionen weltweit speicherten, könnten erhebliche Mengen an Methan in die Atmosphäre entweichen«, so die Verfasser der Studie. In einer nach dem Prinzip der Komplexität strukturierten Welt, in der alles durch Rückkopplungen und mannigfache Wechselwirkungen miteinander verflochten ist, führen »die Veränderungen in der Arktis zu sich ändernden Wettermustern, die selbst im weit entfernten Südostasien gravierende Folgen haben werden, insbesondere durch die Abschwächung des Polarwirbels (auch als Jetstream bekannt)«. »Die Arktis«, mahnt der Polarforscher und Mitautor der SWIPA-Studie David Barber von der Manitoba Universität, »ist aufs Engste mit dem Schicksal unseres Planeten verknüpft.« Deshalb sollten uns die systemischen Auswirkungen aufs Klima zutiefst alarmieren: Die Ozeane erwärmen sich, der Meeresspiegel steigt, und dies hat dramatische Auswirkungen auf den gesamten Stoffwechsel des Planeten, insbesondere im Hinblick auf Verdunstung und Niederschlagsmengen.

Die Umgestaltung und Erneuerung komplexer Städte erfordert komplexe Lösungen, welche die Wechselwirkungen und Interdependenzen des sozioterritorialen Kontexts Stadt berücksichtigen. In Frankreich lebt 80 % der Bevölkerung auf

20 % des Landes,[69] weltweit sind es 50 % auf nur 1 %[70] der Erdoberfläche. Obwohl uns in den Städten langsam die Luft zum Atmen ausgeht, ziehen sie immer mehr Menschen an und definieren den globalen Lebensstandard, während die Umweltverschmutzung Spitzenwerte erreicht, das Artensterben voranschreitet, die Spaltung der Gesellschaft zunimmt, der Zugang zu Wasser und anderen öffentlichen Gütern ungleich verteilt ist, die Bevölkerungszahlen explodieren und der Nahrungsbedarf steigt. Ganz abgesehen vom Ausmaß der Schäden und Verheerungen nach Überschwemmungen, Waldbränden, Umweltkatastrophen und Pandemien, das sich mit jedem Mal vergrößert.

Die Welt ist das Ganze, um erneut Edgar Morin zu paraphrasieren, doch der Mensch hat getrennt, was auf natürliche Weise zusammengehört. Das Beispiel Medellín zeigt jedoch, wie ein holistischer Ansatz dazu beiträgt, eine Stadt neu zu erfinden und widerstandsfähig zu machen, und das sogar mit Low-Tech-Kreativität. Der Schlüssel zur Befriedung der einst kriminellsten Stadt der Welt war die Einbeziehung der Bevölkerung in die Analyse, Identifikation und Bekämpfung der Ursachen der maßgeblich durch Drogenkartelle eskalierten Gewalt. Die kolumbianische Metropole erschuf sich neu als lebenswerte, humane Stadt, in der sich die soziale Bewegung *Cities for Life* formierte, die mittlerweile international an Bedeutung gewinnt.

Gleichwohl existieren auch urbane Räume, die im Untergang begriffen sind, wie so viele einst industriell geprägte Städte entlang des Rust Belts in den USA. Doch dies muss nicht heißen, dass sie durch das Engagement und die Mobilisierung ihrer Bürger nicht wieder auferstehen könnten – Detroit in Michigan ist der beste Beweis – gemäß dem Motto »Do it yourself«. Denn auch das Entstehen neuer Organisationsformen und Zusammenschlüsse ist Bestandteil der urbanen Komplexität. Hierzu zählen etwa stadtübergreifende

Kapillareffekte wie die Herausbildung der virtuellen Hypermetropole »SanSan« (San Francisco/San Diego), die 68 Millionen Menschen repräsentiert, oder die Hyperagglomeration »BosWash« (Boston/Washington) mit 70 Millionen. In diesen urbanen Clustern, die der visionäre Geograf Jean Gottmann 1961 erstmalig in seinem Buch *Megalopolis*[71] beschrieb, entwickeln sich alternative Trends, Denkmuster und Lebensweisen, die sich deutlich von den übrigen Teilen des Landes abheben, was sich nicht zuletzt auch im Wahlverhalten zeigt. Beide widersetzten sich der Politik des Expräsidenten Trump und sind heute führend bei Forderungen nach Einhaltung der Klimaverträge; ihre Bürger setzen sich vehement für die Rechte von Immigranten und Minderheiten ein und für den Schutz von Grundfreiheiten.

Der Traum von den unendlichen Weiten des Weltraums, der Zauber des Sternenhimmels und der Milchstraße, der gebannte Blick auf die Himmelsbewegungen am Firmament ist uns durch massive Lichtverschmutzung in den Großstädten ebenfalls gründlich vergangen. Der Himmel über der Stadt ist furchtbar grau geworden, bedrohliche, nicht selten giftige Wolken brauen sich über uns zusammen. Gleichzeitig werden utopische Narrative verdrängt durch ressentimentgeladene Hassreden im Namen des einen oder anderen Gottes, Nationalstaats oder einer bestimmten Partei, die sich einbilden, dadurch immer noch größer, mächtiger und allgegenwärtiger zu werden. Mauern entstehen zuerst im Kopf, dann werden daraus echte Grenzen, die Menschen voneinander trennen. Manipulierte Falschmeldungen und kriegerische Hetze bringen die Menschen gegeneinander auf. Misstrauen, aber auch Hass wachsen sich aus zu Gewalt und sich selbsterfüllenden Prophezeiungen. Der Erhalt der städtischen Vielfalt und Vitalität als notwendiger Gegenpol zur Macht des Populismus ist somit eine Grundvoraussetzung, wenn wir auch in Zukunft friedlich zusammenleben wollen. Doch im Zentrum der Revitalisierung urbanen Stoffwechsels steht die ökologische Modernisierung. Es geht um nichts Geringeres als das Überleben der Menschheit, die noch nie so gefährdet war wie heute – erstmalig in ihrer Geschichte *selbstverschuldet* durch das eigene Tun beziehungsweise Unterlassen. Der urbanen Spezies kommt hier eine Vorreiterrolle zu als treibende Kraft zur Aufklärung, des Engagements und der Mobilisierung.

Neue revolutionäre Techniken und hybride Anwendungen in der Bio- und Nanotechnologie können dabei unterstützen, die menschengemachten Fehler der Vergangenheit zu begrenzen, vielleicht sogar auszugleichen. Veränderungen beginnen im Kopf, bei neuen Denkweisen (das erwachende Gewissen des Anthropozäns); bei alternativen, klimapositiven Baukonzepten (Holz statt Beton); bei Abfallentsorgung und Recycling (Kreislaufwirtschaft) und bei der Frage, wie wir mit anderen Lebewesen umgehen. Die polyzentrische und multifunktionale Stadt, die ich die »15-Minuten-Stadt« nenne, weil die wesentlichen Einrichtungen, Dienstleistungen und alltäglichen Abläufe in einem 15-Minuten-Radius erreichbar sein sollen, steht für eine Lebenswelt, die die genannten Kriterien erfüllt und auch Mischnutzungskonzepte fokussiert. Denn es ist geradezu absurd, dass Wohnungen, Funktions- und Gemeinschaftsräume, selbst Garagen, Schulgebäude und dergleichen täglich mehr als zwei Drittel der Zeit leerstehen und ungenutzt bleiben. Nicht nur bestehende Gebäude, sondern bereits die Grundkonzepte des Bauens stehen nachhaltigen Entwicklungen mit Blick auf den urbanen Metabolismus entgegen. Die Eckpfeiler des urbanen Wandels sind öffentliche Begegnungsflächen, mehr Vegetation und Grünflächen, mehr Biodiversität. Orte, an denen Menschen zusammenkommen, müssen neu gedacht und gestaltet werden, um Gemeinsamkeit, Austausch und Kontakt untereinander zu fördern. Die »Rendite« einer Stadt bemisst sich an der Art der Beziehungen, die sie ermöglicht. Deshalb gilt mein Engagement der gerechteren Verteilung des öffentlichen Raums und der Erhöhung der Aufenthaltsqualität im Nahbereich der Anwohner, damit diese sich im Wortsinn wieder »unter die Leute mischen« und das Zusammenleben in der Großstadt gestärkt wird. Solange der öffentliche Raum vor allem dem Auto vorbehalten bleibt, lassen sich dort kaum soziale Beziehungen knüpfen. Es ist an der Zeit, den Aspekt des lebendigen Austauschs und der Quartiersbelebung als tragende Säulen des städtischen Lebens im 21. Jahrhundert zu stärken und Städte so human zu gestalten, dass wieder Luft zum Atmen ist und Menschen sich Räume aneignen können. Städte müssen den Bedürfnissen ihrer Bewohner gerecht werden und sich gleichzeitig den sozialen, ökonomischen, kulturellen und ökologischen Herausforderungen der Zeit stellen, wenn ein harmonisches Zusammenleben gelingen soll – ganz gleich, an welchem Ort der Welt. Soziale Inklusion ist dabei eine zentrale Aufgabe.

Geduld, ein klares Konzept und ein entschlossener Kurs sind unerlässliche Voraussetzungen für die anstehende Transformation. Doch noch wichtiger ist es, die Akzeptanz der Bürgerinnen und Bürger zu gewinnen, sie ins Boot zu holen, denn sie müssen die mit dem Wandel einhergehenden (temporären) Belastungen und Zumutungen mittragen. Dieselfahrzeuge werden nicht deshalb aus den Innenstädten verbannt, um Autofahrer zu ärgern, sondern um die Feinstaubemissionen zu reduzieren, denn wenn wir es jetzt nicht schaffen, ist es in zehn Jahren wohl zu spät.

Wir müssen unser Leben ändern, wenn wir unsere Städte neu gestalten wollen. Das ist nicht leicht, und im Augenblick befinden wir uns in einer Übergangsphase. Die öffentlichen Verwaltungen und Stadtregierungen müssen ihre Bürger jetzt mitnehmen, ihnen alternative Modelle der Teilhabe, der Beteiligung, des Austauschs und Teilens anbieten und die Gemeinwohlorientierung stärken. Städte mit einem Fokus auf gemeinsamer Nutzung, sozialen und funktionalen Mischkonzepten und Sicherung von öffentlichen Gütern werden ihrer Versorgerrolle in Zeiten des Wandels besser gerecht. Urbane Zukunftsvisionen werden nur wahr, wenn Anwohner bereit sind, sich dafür einzusetzen und sie mitzutragen. Dazu muss das Wohlergehen für alle ins Zentrum gerückt und öffentliche Güter so eingesetzt werden, dass sie Mehrwert schaffen und ein gutes Zusammenleben in der Großstadt ermöglichen. Das Paradox besteht darin, dass es gelingen muss, den urbanisierten Menschen zurück zum Wesentlichen zu lenken, zu dem, was eine Stadt ausmacht, nämlich Fülle und Komplexität. Nur so kann, was vernunftwidrig voneinander getrennt und fragmentiert wurde, wieder als Gesamtheit erfahren werden, die Natur, soziales Miteinander, Kreativität und Innovation im ursprünglichen Sinn des Wortes *complexus*[72] als etwas »Zusammengeflochtenes«, »Verwobenes« umfasst.

4

Recht auf Stadtleben

Vom Recht auf Stadt zum Recht, in der Stadt zu leben

Im Jahr 1989 schrieb der Sänger und Komponist Pierre Barouh, eine wichtige Persönlichkeit des französischen Chansons, den Text zu einer der letzten Aufnahmen von Yves Montand, ein Lied mit dem Titel »Au cabaret de la dernière chance«. Darin erzählt er von Menschen, »die mit offenen Augen träumen, und jenen, die mit geschlossenen Augen leben.« Doch nicht nur die Kunst erlaubt es uns, mit wachem Geist eine andere Zukunft zu imaginieren und ausgetretene Pfade zu verlassen. Im selben Jahr hielt ich mich in Berlin auf, wo ich den Mauerfall miterlebte. Ich wohnte damals in Kreuzberg, das zum amerikanischen Sektor Westberlins gehörte. Es war ein raues Pflaster, und der Kontrast zwischen dem Leben inmitten von alternativen Bewegungen und Gegenkulturen und dem Leben ein paar Meter weiter jenseits der Mauer in Ostberlin hätte nicht schroffer sein können. Als die Mauer sich öffnete, war die Begeisterung grenzenlos, und die Träume in Ost und West ragten himmelhoch. Nach und nach setzten sich die Massen in Bewegung, verloren ihre Angst, rissen weitere Löcher in die Mauer – zuerst waren es ein paar Menschen aus Ostberlin, dann Hunderte, schließlich überquerten Tausende unter Jubel und Applaus die Grenze in den Westen. Ohne Grenzkontrollen konnten sie sich endlich frei bewegen. Ja, auch in Berlin gab es, wie überall, die einen, die mit offenen Augen träumten, und die anderen, die mit geschlossenen Augen lebten. Wovon wurde geträumt? Welches Leben führten sie? Wünschten sie sich ein Leben in einer wiedervereinigten Stadt? Träumten sie von einer Stadt, in der sie sich frei bewegen und entscheiden konnten? Eine Stadt, in der wichtige Einrichtungen und Grunddienstleistungen sicher und für alle zugänglich sind, ohne ständig eine Berechtigung vorweisen oder die Brieftasche zücken zu müssen? Eine Stadt für alle, unabhängig von ihrer Herkunft, eine Stadt, in der Teilhabe an Kunst und Kultur als wesentlicher Bestandteil des Lebens gilt?

Im Zuge einer Verwaltungsnovelle verringerte Berlin 2001 die nunmehr vereinten 22 Stadtbezirke auf 12, was unter anderem zur administrativen Fusion von Kreuzberg mit Friedrichshain führte. Hier waren nun zwei Stadtteile vereint, die früher durch die Mauer getrennt und durch zuvor sehr verschiedene Lebenswelten gekennzeichnet waren. Friedrichshain wird vor allem von der markanten Architektur entlang der Karl-Marx-Allee mit ihren sozialistisch anmutenden Wohnblöcken dominiert. Nachdem das Quartier um die Straße, eine der längsten in ganz Deutschland, im Zweiten Weltkrieg zerstört wurde, entstand es mithilfe einer Arbeiterbrigade von 45.000 Freiwilligen in den 1950er Jahren in der Bauweise des »sozialistischen Realismus« neu. Mit einer Breite von 89 Metern, acht Verkehrsspuren und ausladenden Gehwegen führt sie als Radiale weg vom historischen Zentrum um den Alexanderplatz. Sie wurde damals für Militärparaden und Aufmärsche des DDR-Regimes konzipiert. Wie viele andere Bauten war sie Ausdruck und Symbol für die Macht eines Staates. Bis heute wurde die Allee nicht in die Liste des UNESCO-Weltkulturerbes aufgenommen, obwohl sich Berlin darum bemüht. Doch von welchem Friedrichshain, welchem Kreuzberg sprechen wir 35 Jahre nach der Wiedervereinigung?

Die Stadterneuerung Berlins nach dem Mauerfall schuf über Jahre hinweg unzählige Großbaustellen in der Stadt. Der Regierungsumzug von Bonn nach Berlin als neuer deutscher Hauptstadt war ein weiterer Anlass für wegweisende Architektur- und Umgestaltungsprojekte.[73] Im globalen Wettbewerb um mehr Attraktivität entwickelte sich Berlin zu einer kosmopolitischen Großstadt, die, wie andere globale Metropolen auch, durch ihre Eigenlogik und -dynamik neue ökologische, ökonomische und soziale Standards setzte und die Gestaltung des städtischen Gefüges anders dachte als nationalstaatliche Akteure und Machtträger. In kaum dreißig Jahren wurde Berlin zu einer der anziehendsten und wichtigsten Städte Europas umgeformt.

Der Global Cities Investment Monitor[74] veröffentlichte 2019 das Resultat einer Untersuchung aus dem Vorjahr, in der die Zahl der Neugründungen, die Arbeitsplätze schaffen, in 35 großen Metropolen weltweit bewertet wurde. Sowohl ost- als auch westeuropäische Städte rangieren dabei auf den vordersten Plätzen, weit vor asiatischen und nordamerikanischen Metropolen. Paris führte die Liste als bevorzugtes Anlaufziel für Briten nach dem Brexit an. Und nachdem die Region Paris-Île-de-France bereits von 2014 bis 2018 das favorisierte Ziel für Investoren aus Westeuropa war, entfielen 2019 schon 47 % aller internationalen Investitionen im Bereich Forschung und Entwicklung auf diese Region, danach folgten Singapur und Bangalore. Allerdings sollte dies nicht als Signal für einen möglichen Umschwung in der geoökonomischen Ordnung interpretiert werden, denn zehn der fünfzehn größten globalen Metropolen liegen immer noch im asiatischen Raum. Die zukünftige Entwicklung der globalen Städte und Megastädte ist in diesen auch geopolitisch unsicheren Zeiten allerdings nicht mehr allein über das Kriterium der Arbeitsplatzschaffung zu erfassen.

Jean Gottmanns Begriff der »Megalopolis« beschreibt eine neue Form der Verstädterung auf der Grundlage von Quantität – Agglomerationen mit mehr als 12 Millionen Einwohnern. Fernand Braudel erarbeitete daran anknüpfend das Konzept der »ville-monde« [Weltstadt], die sich seit der Antike durch Ströme von Informationen, Waren, Kapital, Darlehen, Menschen, Aufträgen, Handelsbriefen und dergleichen definiert, die dort zirkulieren.[75] Sir Peter Halls Konzept der »Weltstädte«[76] konzentriert sich auf den Anteil am Welthandel, den sie erwirtschafteten, eine Idee, die 1982 auch von John Friedmann und Goetz Wolff aufgegriffen und weiterentwickelt wurde.[77]

Saskia Sassen konzipierte 1991 die »globale Stadt«, die sich vor allem als bedeutender Standort mit hoher wirtschaftlicher, politischer und kultureller Attraktivität definiert und eine strategisch relevante Stellung im Rahmen der neuen Netzwerklogik in der globalen Wirtschaft und Gesellschaft einnimmt. Die an der englischen Universität Loughborough angesiedelte Forschungsgruppe Globalization and World Cities Research Network (GaWC)[78] unter der Leitung von Peter J. Taylor geht von einem Netzwerk der Weltstädte im Kontext der Globalisierung aus und schlägt die Kategorisierung von Städten auf drei Ebenen (Alpha, Beta- und Gamma) vor. Ausgehend von Sassens Hypothesen prägte der Geowissenschaftler und Vautrin-Lud-Preisträger Allen J. Scott den Begriff der »globalen Stadtregion«,[79] der die territoriale Gewichtung im globalen Wettbewerb betont. Die »globale Stadtregion« verweist auf die Refiguration urbaner Räume und Territorien, die eine vergleichbar große Attraktivität besitzen wie die *global cities*. Charakter und Gestalt solcher suburbaner Gebiete erfahren dadurch Umwälzungen genauso wie die Beziehungen der dort lebenden Menschen untereinander.

In einem Radius von bis zu einhundert Kilometern rund um die Zentren globaler Städte lassen sich eine Ausdehnung des Finanz- und Dienstleistungssektors, Digitalisierungsverdichtung, die Transformation der Arbeitswelt und Beschäftigungsverhältnisse, Veränderungen in den sozialen Beziehungen, Größenvorteile bei kapitalintensiven Infrastrukturprojekten und Vorteile durch eine Konzentration von Ausbildungsstätten sowie Lern- und Innovationsstandorten in signifikantem Maß feststellen. Das Verhältnis von Mensch und Umgebung, Mensch und Alltag, aber auch Erwartungshaltungen und Dienstleistungsanforderungen verändern sich auf dramatische Weise. Die Entwicklung dieser globalen Stadtregionen geht einher mit Kämpfen um Territorien und eine gerechte Raumverteilung, mit der Entstehung von sozialer Ungleichheit, Rivalitäten, Rissen, Verletzlichkeiten, aber auch großen Unterschieden im Hinblick auf die Förderung von Infrastrukturprojekten.

Die Reichweite und Ausstrahlung der globalen Stadt tief hinein in die sie umgebende Region stellt nicht nur die Frage nach ihrer Struktur und Gestalt, sondern auch die nach ihrer Lenkung und Kontrolle, also der Governance neu. In politischen und wissenschaftlichen Debatten, besonders in der Stadtforschung, rücken regionaler Strukturwandel und Auswirkungen der Hyper-Metropolisierung bzw. Megalopolisierung auf die umliegenden Gebiete stärker ins Zentrum. Schlagwörter und Begriffe wie »Smart City« und »Smart Region« werden allerdings nicht ausreichen, um neue Ideen für strategische Planungen und praktikable Lösungen für diese komplexen urbanen Gefüge zu entwickeln.

Die Stärke von Gottmanns Konzept der »Megalopolis« besteht darin, dass der Begriff sich skalieren und auch auf die Entwicklung riesiger urbanisierter Gebietsgürtel übertragen lässt. »BosWash« etwa umfasst eine Region mit mehr als 70 Millionen Einwohnern, die sich über 800 Kilometer entlang der US-amerikanischen Ostküste zwischen Boston und

Washington D. C. zieht und sowohl Hartford als auch New York und Philadelphia einschließt, neben zahlreichen Städten mit über 100.000 Einwohnern, die alle wirtschaftlich, verkehrs- und kommunikationstechnisch[80] eng vernetzt und verflochten sind.[81] Ähnliches gilt für die 600 Kilometer umspannende Megalopolis »SanSan«[82] entlang der kalifornischen Küste mit ihren 40 Millionen Einwohnern zwischen San Francisco und San Diego.[83]

Auch auf transnationaler Ebene entstehen gigantische Ballungsräume wie die nordamerikanische Metropolregion der Großen Seen[84], »ChiPitts«, die 65 Millionen Menschen aus Chicago, Detroit und Pittsburgh auf US-Seite und Toronto, Montreal, Quebec und Ottawa auf kanadischer Seite verbindet. In China entwickeln sich ebenfalls Hyperregionen, allen voran der Ballungsraum Shanghai,[85] der mit 80 Millionen Einwohnern die Großstädte Nanjing, Hangzhou und Ningbo[86] umfasst, neben weitläufigen ruralen Gebieten,[87] die von der Megaregion dominiert werden. Das vom Drei-Schluchten-Staudamm eingehegte und vom Wirtschaftszentrum Shanghai dominierte Jangtse-Delta stellt eine der Hauptverkehrsachsen innerhalb des chinesischen Territoriums dar. Die überragende Vormachtstellung Shanghais hat so noch einmal an Bedeutung gewonnen für eine Region, die über den größten Seehafen der Welt verfügt und zu einem der dynamischsten und verdichtetsten Ballungsräume der Welt zählt. Insgesamt gibt es in China derzeit 119 Großstädte mit mehr als einer Million Einwohnern,[88] 12 Hyperregionen, darunter Shanghai und Beijing, die zum Club der »3.000 Milliarden Yuan« gehören mit einem BIP in dieser Höhe (370 Milliarden Euro), was diese Regionen auf eine Stufe mit der fünfzehntgrößten europäischen Volkswirtschaft, Irland, stellt.

In Japan bildet der »pazifische Gürtel«, die Megalopolis entlang des Taiheiyō Belt, auch bekannt als Tokaido-Korridor, mit 1.300 Kilometern das längste Städteband der Welt. Es reicht von der Präfektur Ibaraki im Nordosten über die Großregion Tokio, Nagoya, Osaka, Sakai und Kobe bis nach Kyoto und Fukuoka im Südwesten und beheimatet 105 Millionen Menschen. Das heißt 80 % der japanischen Gesamtbevölkerung lebt auf einem Gebiet von nur 6 % Fläche.[89]

In Südafrika entwickelt sich entlang der Achse Johannesburg-Pretoria gerade eine neue Hypermetropolregion. In Indien wächst der Ballungsraum Mumbai weitgehend unreguliert und hat mit einer Ausdehnung von Süd nach Nord von mehr als 100 Kilometern und einer Breite von West nach Ost von 60 Kilometern eine Bevölkerungsdichte von 25 Millionen. Aber auch die »Blaue Banane« sei erwähnt, das sogenannte »Rückgrat Europas«,[90] von Roger Brunet beschrieben,[91] das von Liverpool über London bis Mailand reicht.

Die enorme Wirtschaftskraft, die politische und kulturelle Bedeutung und die Reichweite dieser Hyperagglomerationen stellen die Lenkungs- und Kontrollmacht der Regierungsorgane und Akteure in den einzelnen Teilen der Region zunehmend in Frage. Wer regiert diese urbanisierten Gebiete, wer trifft die städtebaulichen Entscheidungen? Wodurch bestimmt sich ihre Identität? In einer krisengeschüttelten Welt ist ein gelingendes Zusammenleben in den Metropolregionen ein wichtiges Asset, das mit einer klaren Vision und klugen städtebaulichen Strategien zu entwickeln ist, die auch mittel- und langfristige Perspektiven berücksichtigen. Massive Verstädterung ist heute der Motor für urbane Entwicklungen, und das rasante Wachstum der Städte erfordert Lösungsansätze, die über den Einzelfall und Partikularinteressen hinausreichen. Ubiquität und digitale Vernetzung mit der Folge, ständig an allen Orten zugleich präsent zu sein, sowie umfassende Urbanisierungsprozesse, welche die Bewohner ins Zentrum einer neuen Kultur des städtischen Lebens rücken, und absurd niedrige Flugpreise, die noch entlegenste Winkel der Erde für alle erreichbar machen, haben eine neue Realität geschaffen.

Diese neue Welt bringt durch sozioterritoriale Spannungen und fragile, fragmentierte städtische Lebensräume auch andere Probleme und Kontexte hervor, die vielen Menschen Angst machen und das Wohl der Allgemeinheit gefährden.

Am Ende dieses Jahrzehnts wird gut die Hälfte der Weltbevölkerung in Großstädten leben, 22 % davon in Metropolen mit mehr als einer Million Einwohnern.[92] Weiteren Schätzungen zufolge werden 6,4 % in Städten mit mehr als 10 Millionen Einwohnern leben, und 15 der größten urbanen Zentren der Welt werden die 20-Millionen-Grenze überschreiten, viele davon erstmalig. Dabei wird nur noch New York mit etwa 23 Millionen Einwohnern auf dem achten Platz zur Nord-West-Achse zählen, welche die Liste der bevölkerungsreichsten Großstädte bisher anführte. Städte wie London und Los Angeles rangieren dann weit hinten unter den ersten dreißig Plätzen.

Am Ende der nächsten Dekade werden 62 % aller Menschen auf 2 % der Erdoberfläche leben, davon knapp 30 % in Städten mit mehr als einer Million Einwohnern und 9 % in Megalopolen mit über 20 Millionen Einwohnern oder Hyperregionen mit 50 bis 70 Millionen wie etwa Shanghai, Tokio oder Mumbai.

Auch in Afrika beschleunigt sich die Verstädterung rasant; bald werden mehr als 50 % der Bevölkerung des Kontinents Stadtbewohner sein. Immer mehr Millionenstädte entstehen, die parallel zu den bereits gigantisch großen Megalopolen Lagos, Kairo, Kinshasa und Luanda beständig weiterwachsen. Auf dem indischen Subkontinent hat Bangladeschs Hauptstadt Dhaka mit 28 Millionen Einwohnern mittlerweile eine Größe erreicht, die der Hälfte der Einwohner Spaniens und einem Drittel der Einwohner Frankreichs entspricht.

Insgesamt leben 13 % der Weltbevölkerung in nur 34 Städten, 50 % bevorzugen Wohnorte mit weniger als einer halben Million Einwohnern. Tatsächlich verzeichnen mittelgroße Städte mit 300.000 bis 5 Millionen einen starken Bevölkerungszuwachs. Schätzungen gehen davon aus, dass sich bis 2050 etwa 15 % der Erdenbewohner auf 41 Mega-Metropolen weltweit verteilen, während 45 % in mittleren Großstädten leben werden. Es zeichnen sich also zwei Entwicklungslinien ab: einerseits zur Hypermetropole und Hypermetropolregion mit 50 Millionen Menschen und mehr, wie in Shanghai und Guangzhou. Andererseits starke Migrationsbewegungen aus ländlichen Gebieten in die etwa 4.000 mittleren Großstädte zwischen 500.000 und 1,5 Millionen Einwohnern, allerdings als weitgehend »informelle« Besiedelungen ohne vorherige Planung in Bezug auf eine Grundversorgung mit Wasser, Elektrizität und Sanitäreinrichtungen.

Dieses aktuelle Panorama der globalen Verstädterung bildete den Hintergrund der UN-Konferenz HABITAT III in Quito 2016, auf der 193 Mitgliedsstaaten eine New Urban Agenda unterzeichneten, die jedoch im Unterschied zum Pariser Klimaabkommen der COP21 nicht bindend ist, sondern nur als Richtlinie dient. Die Erklärung betont lediglich »gemeinsame Visionen und Werte« im Hinblick auf cinc nachhaltige und integrative Stadtentwicklung, die mehr Sicherheit und Resilienz garantierten soll. Die UN-Mitgliedstaaten bekennen sich allerdings erstmalig ausdrücklich dazu, Städte und Stadtregierungen stärker in politische Prozesse einzubeziehen und lokalen Entscheidungsträgern und Stadtverwaltungen mehr Kompetenzen einzuräumen, um die Voraussetzungen für eine nachhaltige und integrierte Stadtentwicklung zu verbessern. Dabei geht es auch um mehr Bürgerbeteiligung auf allen Ebenen der Planung, Ausführung und des Projektmanagements. Doch abgesehen von dieser erfreulichen Neufassung der Agenda bleiben wichtige Fragen ungeklärt: Wer sorgt und auf welche Weise für die Umsetzung der Empfehlungen? Wem gehört die Stadt? Und ist das Recht auf die Stadt, auf ein Leben in der Stadt, an demokratische Werte und die Einhaltung der Menschenrechte geknüpft, an ein Recht auf öffentlichen Zugang zur Grundversorgung? Noch liegen zielführende Lösungen in weiter Ferne.

Die rasante Verstädterung, das Verschwinden von Distanzen und Raum durch digitale Vernetzung und stetigen Ausbau der Verkehrsinfrastruktur hat Auswirkungen auf unseren Planeten, die längst nicht vollkommen erfasst sind. Überall wachsen die Städte, ziehen mehr Menschen als je zuvor an, die auf eine andere Kultur des städtischen Lebens hoffen, der bei den zunehmenden Migrationsbewegungen eine Schlüsselrolle als Multiplikator zukommt. Die Menschen zieht es in die Stadt, weil sie sich bessere Lebensbedingungen erhoffen, weil sie der Armut ihrer Herkunftsregion entfliehen wollen oder auch dem Druck, der durch Praktiken des *land grabbing** entsteht. Andererseits bedeutet die Migration in die Stadt auch, sich in ein zunehmend einheitliches globales Großstadtleben einzufügen, eine städtische Kultur zu übernehmen. Teilhabe an der urbanen Kultur ist für viele mit der Hoffnung verbunden, »etwas zu werden«, »jemand anderes zu werden«, in alternative Identitäten zu schlüpfen, die mit den Codes und Regeln traditioneller sozialer Beziehungsmuster und Klassenzugehörigkeiten brechen und sie, wenn schon nicht auslöschen, so doch verdecken oder aufweichen, um ins »neue Leben« in der Großstadt einzutauchen. Es gibt natürlich auch die Gegenbewegung, bei der Ursprünge und Wurzeln besonders hervorgekehrt werden, um inmitten der Großstadt Individualität und Einzigartigkeit zu betonen.

Die Reisezeiten wurden immer kürzer. Vor hundert Jahren dauerte es zwei bis drei Wochen, um von Europa nach Amerika zu gelangen, drei bis vier Wochen nach Südafrika, und noch länger bis nach Australien. Heute legen wir diese Stre-

---

* Illegitime oder illegale Aneignung von Land- und Agrarflächen durch wirtschaftlich durchsetzungsstarke, oft ausländische Akteure und Investoren.

cken innerhalb weniger Stunden, maximal eineinhalb Tagen zurück. Für wenig Geld kommt man heute schnell in alle Teile der Welt. Europäische Ziele sind nur wenigen Stunden per Zug oder Flugzeug von uns entfernt. Billig-Airlines werben mit Flügen für unter fünfzig Euro, und auch Unterkünfte am Reiseziel wurden durch entsprechende Angebote auf digitalen Plattformen für alle bezahlbar. Das ist unsere neue Realität rund um den Globus.

Der massenhafte Zugang zu bisher fremden Welten wurde durch eine globale urbane Kultur vereinfacht, die eine sanfte »Landung«, einen recht nahtlosen Übergang von einer Stadt in die nächste ermöglicht. Der berüchtigte »Kulturschock« von einst oder Verständnisbarrieren beim Eintreffen an unbekannten Orten mit anderen kulturellen Gepflogenheiten oder Zeitvorstellungen gehören schon fast der Vergangenheit an. Dank der Globalisierung erwarten uns überall ähnliche Kontexte, in den Restaurants, in den Einkaufsmeilen und in den Hotels, die als Teil weltweiter Ketten alle gleichartig gestaltet sind und auf immer gleiche Weise funktionieren. Reiseplattformen im Internet strukturieren die Art und Weise, wie wir Unterkünfte und Fortbewegungsmittel finden, und Geolokalisierungsprogramme leiten uns durch die Welt. Selbst Sprachbarrieren »verschwinden« durch Übersetzungs- und Sprachdienste auf dem Smartphone. Umherschlendern, Orte selbst zu entdecken und sich spontan auf das Fremde einzulassen, das passiert immer seltener, weil wir alles in der App schon gecheckt haben. Mit gezücktem Smartphone und aktivierten Diensten ziehen Groß und Klein, Alt und Jung durch die in unmittelbare Reichweite gerückte Welt. Mit einem Klick sind wir hier und da und überall.

Zweidrittel aller Franzosen haben heute mit 15 Jahren schon mindestens einmal vier oder mehr Nächte sehr weit entfernt von Zuhause verbracht. Und doch macht vielen Menschen das Fremde Angst, sie schotten sich gegen »Ausländer« ab und suchen den Rückzug in die »eigene« Kultur und Identität. Mauern entstehen oder sind in Planung. Populisten erhalten großen Zuspruch und werden durch Wahlergebnisse bestärkt, die sie schließlich an die Macht bringen – siehe die Entwicklungen in den USA, in Argentinien, die Brexit-Befürworter in Großbritannien, die Rechts-Bewegungen in europäischen Ländern.

Die Widersprüche ergeben sich nicht zuletzt durch ein Missverständnis oder Unwissen über urbane Realitäten in einer allseits vernetzten, globalisierten Welt. Sie sind zum Teil auch gewollt von politischen Akteuren, die sich »patriotisch« und »volksnah« geben, in Wirklichkeit jedoch ein unschönes Wahlkampfgeschäft mit dem sogenannten »Kampf gegen den Kosmopolitismus« betreiben. Was für ein Unsinn, gegen einen zutiefst demokratischen Begriff aufzurüsten, der, aus zwei Wörtern griechischen Ursprungs – *cosmos* für Welt, und *polités* für Bürger – gebildet, etwas Drittes hervorbringt, das aus jedem Individuum, gleich welcher Herkunft, einen Bürger der Welt, einen *Weltbürger* macht! Und noch abstruser vor dem Hintergrund, dass gleichzeitig Dienstleistungs- und Reiseplattformen über alle Ländergrenzen hinweg Städte und Regionen, Unterkünfte und Restaurantbetriebe touristisch vermarkten, um Menschen von weit entfernt ins Land zu locken. Wie etwa in Frankreich, das jedes Jahr mehr internationale Touristen anzieht als jedes andere Land der Welt, in Zahlen: 89,3 Millionen im Jahr 2018, davon 70 Millionen aus europäischen Ländern, 19,3 Millionen aus anderen Teilen der Welt. Das entspricht dem 1,3-fachen der französischen Gesamtbevölkerung und erwirtschaftete 7,2 % des nationalen BIP.[93] Die Zahl chinesischer Besucherinnen und Besucher ist zwischen 2009 und 2018 von 715.000 auf 2,2 Millionen angestiegen, wie die nationale Agentur für Tourismusförderung Atout France bekanntgab.[94] Trotz eines vergleichsweise geringen Anteils von 2,5 % gaben chinesische Touristen 2018 fast 4 Milliarden Euro in Frankreich aus, 7 % der Gesamtausgaben aller Gäste.

Die Zahlen stammen aus der Zeit vor Corona und bedeuten auch nicht, dass Ausgrenzung und Fremdenfeindlichkeit nicht um sich griffen, auch wenn viele Städte versuchen, öffentlich gegenzusteuern, und Bürgermeister viel Rückgrat zeigen, um für gemeinsame Werte, Menschenwürde und eine Stadt für alle zu werben: für eine Stadt, die – allen Widrigkeiten wie Klimawandel, Arbeitslosigkeit, wachsender Populismus und Fremdenfeindlichkeit zum Trotz – einen gemeinsamen Daseinsraum für Menschen jedweder Hautfarbe und jeden Geschlechts darstellt, in all ihrer Vielfalt und mit allen Differenzen.

Migration und Einwanderung sind Schlüsselelemente bei der Entstehung und beim Wachstum von Städten, sie bilden die Grundlage ihres soziokulturellen Reichtums. Die Stadt als Zufluchtsort erfüllt, seit es Städte gibt, nicht nur wichtige soziokulturelle Funktionen, sondern ist auch ein Wirtschaftsfaktor und keineswegs allein aus einem Akt der Barmherzigkeit zu erklären. Zwanzig der größten Metropolen der Welt beheimaten heute ein Fünftel aller Migranten. In einigen Städten machen diese einen Bevölkerungsanteil von über 30 % aus.[95] Diese städtische Vielheit der Nationalitäten bringt beständig neue extraterritoriale Netzwerke zwischen den Metropolen hervor. Die kosmopolitische Mischung der Kulturen der Welt ist das Kennzeichen der Stadt im 21. Jahrhundert, migrantische Strukturen prägen das Stadtbild und Großstadtleben stärker als je zuvor. In London besitzt die katarische Königsfamilie mehr Immobilien als die britischen Royals. In der Dordogne wird ein junger Pakistani, der drei Jahre zuvor als illegaler Flüchtling einreiste, zum Besten Auszubildenden Frankreichs gekürt. Buenos Aires ist die zweite Hauptstadt Boliviens. Und in Kanada entspricht Québecs französischsprachige Bevölkerung der Einwohnerzahl der französischen Stadt Brest.

Auf diese Entwicklungen gibt es unterschiedliche Reaktionen. Einerseits ist die »Stadt als Schutzort« ein Gebot der Menschlichkeit, mit der Regierende den jeweiligen Umständen

Rechnung tragen. Doch die globalen Ströme von Vertriebenen sind auch ein Indikator für tiefgreifende Umwälzungen im Hinblick auf traditionelle Lebensweisen und soziale Beziehungen, Konsumverhalten, Produktionsweisen, aber auch im Bereich Bildung, Kultur, Wissenschaft. 120 Jahre nach der Industriellen Revolution, 100 Jahre nach der bolschewistischen Revolution, fast 80 Jahre nach Ende des Faschismus in Europa und nach dem Beginn des kalten Krieges und 35 Jahre nach dem Fall der Berliner Mauer hat sich in den letzten Jahrzehnten eine weitere Revolution vollzogen – das rasant beschleunigte Wachstum unserer Städte. Die Dynamik dieser Revolution gilt es im Blick zu haben, wenn es darum geht, die Stellschrauben für eine Zukunft im Zeichen des Klimawandels zu justieren.

Urban sein ist nicht nur ein Gefühl der Verbundenheit mit dem Ort, an dem man wohnt oder geboren wurde. Urbanität wird jeden Tag gelebt, und zwar als alternative Kultur, die neue Wege ermöglicht und bisherige Grenzen überschreitet oder auflöst. Dabei geht es heute nicht so sehr um die Mittel der Produktion, sondern um die Transformation von Arbeit, um ihren Sinn und ihre sozialen und relationalen Funktionen in einer sich weiter urbanisierenden, hyper-urbanisierenden, aufs Engste vernetzten Welt. Es geht um eine neue Ökologie von Arbeit, um eine ökologische Revolution, und zwar nicht im Sinne einer Idealisierung von Natur, sondern als Macht des Faktischen, die einen Wandel im Verhältnis der Menschen zu den Elementen Erde, Wasser, Luft und Feuer, aber auch zum städtischen Lebensraum, seiner Bebauung und Weiterentwicklung herbeiführt.

Das führt zwangsläufig auch zu einem Wandel der sozialen Verhältnisse, wie sich beispielhaft am Kampf der Frauen für ihre Rechte zeigen lässt. Das urbane Leben war stets ein Katalysator für Befreiungsbewegungen und hat innerhalb weniger Jahrzehnte Frauen neue Möglichkeiten eröffnet, sich gegen männliche Bevormundung zur Wehr zu setzen und die

Grundlage für ein neues Selbstverständnis und neue Formen des öffentlichen Aufbegehrens geschaffen. Selbstbestimmung, Gleichberechtigung, das Recht auf Abtreibung, Anerkennung ihrer Arbeitsleistung und faire Entlohnung wurden erstmalig in den Städten vehement eingefordert. Die urbane Frau konnte an vielen Fronten zugleich gegen ihre jahrhundertelange Unterdrückung und Ausbeutung kämpfen. Der Women's March (im Januar 2017 in Washington) und das Pussyhat Project,[96] die sich unmittelbar nach der Amtseinführung von Trump mobilisierten, sind hierfür beispielhaft. Im Grundsatz geht es um gesellschaftliche Anerkennung und das Recht auf Anderssein, auf ein gutes Leben in der Stadt, um das Recht, zu lieben, wen man will, und darauf, eigene Vorstellungen von Familie zu verwirklichen, sich frei für oder gegen Kinder und Reproduktion zu entscheiden und überkommene Hierarchien zu überwinden. Die Macht der Urbanität besteht darin, neue Formen und Möglichkeiten des Ausdrucks, der Wahrnehmung und der Sozialität zu schaffen.

Doch dreißig Jahre nach dem freien Zugang zum Internet für alle, fünfzehn Jahre nach Einführung des Smartphones und wenige Jahre nach Erfindung des Internets der Dinge ist das soziale Miteinander nicht etwa durch Hyper-Konnektivität gestärkt, sondern durch Hyper-Fragmentierung allenthalben geschwächt. Internet und Digitalisierung bringen eine andere Art des Erfahrens und Wahrnehmens von Räumen, Territorien und zwischenmenschlichen Beziehungen hervor. Von etwa 4,5 Milliarden Internetznutzern weltweit[97] sind 3,8 Milliarden in sozialen Netzwerken aktiv, anders ausgedrückt: fast die Hälfte der Menschheit. Allein Facebook wird pro Monat von 2,7 Milliarden Menschen genutzt, darunter 37 Millionen aus Frankreich.[98] Die Möglichkeiten sich auszutauschen, waren nie größer in der Geschichte der Menschheit. Gleichzeitig waren die Menschen nie isolierter als heute. Die vom französischen Philosophen Emmanuel Lévinas theoretisierte »Nähe zum Anderen«,[99] zum Unbekannten, die Anerkennung des Anderen und die Erfahrung von Nähe als höchste Qualität des sozialen Lebens; transzendente Erfahrung als Quelle der Inspiration stellen sich in Zeiten des Internets und der Ubiquität nicht mehr ein. Stattdessen erleben wir eine Implosion der menschlichen Beziehungen, bei der, zurückgeworfen auf sich selbst, jedes Individuum sich seine eigene Wahrheit zusammenflickt, die für Manipulationen aller Art anfällig ist. Im Zeitalter des Post-Faktischen ersetzen persönliche Glaubenssysteme und Meinungen rationale Argumente und eine vernunftgeleitete Herangehensweise an Probleme und Ereignisse.

In dieser Hinsicht hat die »Singularität der Stadt« bislang keinen Kulturwandel hin zum Positiven, zu mehr Zusammenhalt bewirkt. Die auch städtebauliche Herausforderung besteht nun darin, den Übergang von einer weitgehend anonym-isolierten Lebensweise an einem unpersönlichen Nicht-Ort und einem negativen Bild von sich selbst und anderen zu einem guten, friedlichen Zusammenleben in einem lebenswerten, zu neuen Ideen und kreativen Ausflügen inspirierenden Umfeld zu gestalten. Solange wir in den Anderen vor allem eine Bedrohung sehen, ist es schwer, gemeinsam für ein gutes Leben in der Großstadt einzutreten. Darum müssen im urbanen Raum mehr Nähe und Nachbarschaften entstehen, mehr Verbundenheit mit dem Lokalen und mehr Beziehungen zwischen den Anwohnern, um eine soziale und funktionale Mischung, aktives bürgerschaftliches Engagement und die Teilhabe an Kultur und öffentlichem Leben zu stärken und Abschottungstendenzen, Filter- und Meinungsblasen entgegenzuwirken.

Ein Effekt der ersten beiden Jahrzehnte der Städte im 21. Jahrhundert ist die massive Verfügbarkeit von Hyper-Daten, die immer mehr Falschinformation und populistische Aufreger-Themen und *trending topics* produzieren. Oft ungeprüft, unbearbeitet und kaum verstanden, erweisen sich diese als immun gegen rationale Argumente und vernünftige Erklärungen und verbreiten sich als nicht mehr verifizierbare Wahrheit im gnadenlosen Kampf der (Sub-)Kulturen zu einer gefährlichen Waffe. Vertrauensverlust, affektgeladene Debatten und Unverständnis auf allen Seiten stacheln Gruppen in sozialen Medien zu kollektivem Handeln an und führen zu Situationen mit unkontrollierbarem Ausgang. Ein digitaler Mob mit irrlichternder Fantasie sucht sich dann ein Ventil, um seinem Unmut Luft zu machen. Gut beobachten ließ sich dies bei der »Gelbwestenbewegung« vor einigen Jahren in Frankreich. Ausschlaggebend war die geplante CO_2-Steuer 2018, die sofort zu einer massenhaften Mobilisierung in den sozialen Netzwerken führte. Spontan, ungelenkt und außerhalb politischer Strukturen bildeten sich vor allem auf Facebook zahlreiche Gruppierungen mit mehreren hunderttausend Gegnern der Besteuerung. Das Online-Manifest von Priscillia Ludosky im Mai 2018 erreichte in kürzester Zeit eine Million Unterzeichner. Eine Videobotschaft von Jacline Mouraud* an Präsident Emmanuel Macron ging im Oktober desselben Jahres viral und wurde innerhalb weniger Tage sechs Millionen Mal abgerufen. Die so in Gang gesetzte Dynamik führte zur Bildung einer kolossalen Bewegung, die das ganze Land erschütterte.

Doch diese Zuspitzung war keineswegs nur Ausdruck von sozialem Widerstand. Sie stand auch für den Paradigmenwechsel vom postindustriellen Zeitalter hin zur Nutzungs- und Dienstleistungsgesellschaft. Arbeiten bedeutet für Menschen in weniger dicht besiedelten Gebieten heute, lange Anfahrtswege – meist im privaten Pkw – in Kauf zu nehmen, um zum Jobstandort in einer größeren Stadt zu gelangen. Die Welt der Wirtschaft hat sich gewandelt, doch die Formen der Fortbewegung und die Arbeitsstrukturen sind dieselben geblieben. Das sich daraus ergebende explosive Gemisch haben

---

* Priscillia Ludosky und Jacline Mouraud zählen zu den Initiatorinnen der sogenannten »Gelbwestenbewegung« 2018.

die meisten politisch Verantwortlichen und Repräsentanten traditioneller Institutionen nicht gesehen. Staatliche Akteure haben den Kontakt zu den Bewohnern der Städte und Regionen verloren und wundern sich nun, dass man ihnen mit Misstrauen begegnet. Die vergangenen Jahrzehnte standen im Zeichen von »Recht auf Stadt«, das der Soziologe Henri Lefebvre[100] theoretisch untermauerte und das zahlreichen sozialen Bewegungen Aufwind gab. Angemessener Wohnraum, alternative Formen des Wohnens, Gentrifizierung und Vertreibung aus den Innenstädten standen dabei im Zentrum der Kämpfe. Heute steht das »Recht auf ein *Leben* in der Stadt« auf dem Spiel. Die künftigen Kämpfe werden sich nicht mehr nur um angemessenen Wohnraum drehen, sondern vor allem um ein lebenswertes Umfeld und angemessene Erreichbarkeit von wichtigen Einrichtungen für Anwohner, um die Stärkung von Lebensqualität im Quartier, um eine neue Arbeitswelt, Zugang zur Grundversorgung für alle, Bildungseinrichtungen und Gesundheitszentren und um kreative Entfaltungsmöglichkeiten. Die vor dreißig Jahren noch zarten Anzeichen des Aufbegehrens haben sich inzwischen zu tiefroten Warnsignalen entwickelt, die nicht mehr zu übersehen sind. Und es wird mehr als deutlich, dass der urbane Raum das Gravitationszentrum der Kämpfe darstellt. Ohne einen großen Sozialpakt wird es keine Lösung geben, denn von nun an muss das andere Leben, das bessere Leben, das gute Wohnen und Zusammenleben in den Städten vor allem mit Bildung, Kultur, Wirtschaft, sozialer Inklusion, partizipativer Demokratie, Resilienz, Digitalisierung und Energiewende zusammengedacht werden. Dies gilt für alle Stadtgrößen; keine Region wird sich in Zukunft weiterentwickeln, wenn sie nicht in der Lage ist, urbane Gefüge zu schaffen, welche die Lebensqualität der Anwohner ins Zentrum stellen, und sie muss auch die mittelgroßen Städte[101] fördern, um überfüllte, überbelastete Großstädte und Metropolen[102] zu entlasten.

Solche Entwicklungen verlaufen nicht reibungslos, zumal wir uns in einer Übergangsphase befinden, weg von einer Kultur der starken Staatlichkeit im 20. Jahrhundert hin zu einer Kultur des neuen urbanen Zeitalters, in der Dienstleistungen, Digitalisierung und Vernetzung die Koordinaten darstellen. Um den Anreiz von Städten zu erhöhen, müssen wir ihnen mehr (Zusammen)Leben einhauchen. Und anstatt wie in den 1960er Jahren »Fantasie an die Macht!« zu rufen, ist heute die Macht der Fantasie gefordert, die sich das gute Leben in unseren urbanen Lebensräumen neu und anders vorstellt.

5

Nachhaltige Metropolen

Nichts ist nachhaltiger als die Stadt

Als ich während eines Aufenthalts in der Mongolei aus der Wüste Gobi in die Hauptstadt Ulan-Bator zurückkehrte, war ich fasziniert von der engen Beziehung zwischen Mensch und Natur in dieser atemberaubenden Landschaft, die mit zwei Einwohnern pro Quadratkilometer zu den am dünnsten besiedelten Gebieten der Welt zählt. Diese Reise hat meine Sicht auf den Zusammenhang von Stadt, Natur und Lebensraum nachhaltig geprägt. Das Gebiet der Mongolei, das vom einst größten Reich der Erde, dem Mongolischen Reich, heute übrig ist, grenzt im Norden an Russland und im Süden an China. Unter Dschingis Khan eroberte das mongolische Steppenvolk im 13. Jahrhundert weite Teile des asiatischen Kontinents bis nach Europa. Das zeitweise 33 Millionen Quadratkilometer umfassende Territorium reichte vom Mittelmeer bis zum Pazifik und schloss viele Teile der heutigen Länder Russland, Polen, Ungarn, Bulgarien, Armenien, Georgien, Iran, China, Korea und Gebiete Kleinasiens ein. Die Großmacht regierte über die damalige Welt und sorgte mit der Pax Mongolica für eine Phase relativer Stabilität und Prosperität in der Geschichte der Region. Neben Marco Polo profitierten auch viele andere europäische Kaufleute vom Recht, die »Seidenstraße« für den Handel zu nutzen und so den Reichtum der verschiedenen Kulturen und Landschaften kennenzulernen. Im bereits erwähnten Buch *Die unsichtbaren Städte* von Italo Calvino findet ein fiktiver Dialog zwischen Marco Polo und Dschingis Khans Enkel Kublai Khan statt, der in der Blütezeit des Großreichs um 1260 herrschte. Ideengeschichtlich und wissenschaftlich war der »Mongolische Frieden« im 13. und 14. Jahrhundert eine für ganz Eurasien gedeihliche Epoche, die sich durch religiöse Toleranz, technischen Fortschritt und einen fruchtbaren Austausch zwischen arabischen, chinesischen, indischen und persischen Gelehrten und Naturforschern auszeichnete. Bis heute wichtige Instrumente zur Abwicklung von Handels- und Tauschgeschäften im Bereich Steuern, Bankwesen und Buchhaltung wurden damals entwickelt, auch der systematische Ausbau von Post- und Relaisstationen datieren aus dieser Zeit. Epochale Erfindungen wie Magnetkompass, Schießpulver, Papier, Wassermühlen, Schmelzöfen oder die Einführung der Perspektive in der Malerei hatten ihren Ursprung im mongolischen Großreich und fanden von dort den Weg nach Europa.[103]

In unseren post-pandemischen Zeiten mag es auch der Erwähnung wert sein, dass die ersten Fälle von schwarzer Pest, auch als Beulenpest bekannt, um 1330 im Westen Chinas auftraten, und dass sich die Seuche über die regen Handelsbeziehungen quer durch das mongolische Reich nach Europa ausbreitete. Sie forderte viele Opfer, 25 % der Gesamtbevölkerung kamen in Asien ums Leben, in Europa waren es 60 %. Die Pest war eine der Hauptursachen für den Niedergang des Mongolischen Reichs, das 1360 seine Vorherrschaft endgültig einbüßte.

Das mongolische Volk folgt bis heute tief verwurzelten Traditionen eines Lebens im Einklang mit der Natur und den unendlichen Weiten der Steppe und pflegt Tugenden, die auf alten schamanischen Riten und Gebräuchen gründen. Spirituell leitend ist die Lehre von der Harmonie zwischen dem Menschen und seinem natürlichen Lebensraum. Das nomadische Leben der Mongolen folgt dem Rhythmus der Natur und der Jahreszeiten, die auch den Aufbruch der Familien und Sippen zu neuen Weideplätzen für das Vieh bestimmen. Traditionell kümmern sich die männlichen Gruppenmitglieder um die »hochbeinigen« Nutztiere wie Pferde und Kamele, die weiblichen um die »kleinbeinigen« wie Ziegen und Hunde. Ihre Jurten haben alle die gleiche Form, die gleichen Farben, den gleichen Durchmesser. Auch innen sind alle auf dieselbe Weise in unterschiedliche Funktionsbereiche eingeteilt. Unterschiede und Abgrenzung werden weder in sozialer noch in wirtschaftlicher Hinsicht angestrebt. Gemeinschaftliches Handeln und Gemeinwohlorientierung besitzen einen hohen Stellenwert für alle Mitglieder der Gruppe. Wenn während der Wanderschaft ein Familienverband auf einen anderen trifft, der gerade sein neues Quartier aufschlägt, wird angehalten, um beim Aufbau zu helfen. Aus zufälligen Begegnungen werden Gemeinschaftsprojekte; Teilen, Austausch und Vermischung sind zentrale Aspekte des Zusammenlebens. Wenn die gemeinsame Arbeit nach einigen Tagen erledigt ist, wird zur Festigung der entstandenen Verbindung ein traditionelles Fest gefeiert und so auch rituell ein Moment des Teilens und der Gemeinsamkeit hergestellt. Ich selbst durfte eine Woche lang teilhaben an einer solch unerwarteten, beglückenden Begegnung, welche die Tugenden der Gastfreundschaft und des respektvollen Umgangs mit dem Anderen betont. Deshalb stellt sich nicht nur mir die Frage, warum angesichts dieser wunderbaren Traditionen und des reichen kulturellen Erbes, das tief im Rhythmus der Natur und dem alten Wissen über den Schatz der Böden verwurzelt ist, diese stolzen Nomaden heute zunehmend bereit sind, dieses Leben mit der Natur aufzugeben, um sich in der Hauptstadt Ulan Bator niederzulassen, die in letzten Jahrzehnten ein beispielloses Wachstum durch diesen Zustrom erfahren hat. Heute leben 1,5 Millionen Menschen im Moloch, das entspricht 45 % der mongolischen Gesamtbevölkerung.[104] Das Ausmaß und die Rasanz lässt sich ermessen, wenn man bedenkt, dass im Jahr 1998 nur 660.000 Menschen in der Hauptstadt lebten, während es 2002 schon 850.000 waren.

Der triste Anblick von Jurten, die, als Kinderspielplätze genutzt, neben den grauen Sozialwohnungsblöcken verwaisen, ist ein Sinnbild für das Verschwinden eines reichen kulturellen Vermächtnisses, das die einstigen Nomaden in ihrem nunmehr ins Vertikale gebauten, übereinander geschachtelten Lebensraum nicht weiter pflegen, weil dieser weder die generationsübergreifenden, gemeinschaftlichen Wohntraditionen, noch die mythisch-spirituelle Funktion der Jurte ersetzt. Auch die Armutsquartiere an der Peripherie von Ulan Bator weiten sich aus. Der Elendsgürtel beherbergt mittlerweile Hundertausende von Ankömmlingen, die dort in ihren Jurten ein Dasein am Rande der Gesellschaft fristen ohne Zugang zu Wasser und Elektrizität. Die Steppenbewohner bezahlen einen hohen Preis für die Sesshaftwerdung, denn es kostet sie im Grunde den Verlust ihrer Lebenskunst.

Tief eingeprägt hat sich mir auch das Bild der gigantischen Kohlekraftwerke im Zentrum von Ulan Bator, die als Hauptverursacher der extremen Luftverschmutzung in der Hauptstadt gelten – in einem Land, das für seine reine Luft und gesunde Lebensweise bekannt war! Die WHO hat jüngst ein Sonderprogramm aufgelegt, um dem Smog und seinen desaströsen Auswirkungen auf die Gesundheit der Bevölkerung zu begegnen und die Luftqualität zu verbessern.

Ähnliche Entwicklungen gelten für alle Kontinente, und zwar unabhängig von Kulturen, Traditionen und Gebräuchen. Sie sind der Spiegel eines dem 21. Jahrhundert inhärenten Widerspruchs, der die Anziehungskraft der Großstadt durch ihre allgegenwärtige Verfügbarkeit in den sozialen Medien vervielfacht und einen Herdentrieb auslöst, *obwohl* gerade der hochentwickelte digitale, ubiquitäre Zugang es erlaubte, an Urbanität und globalen Entwicklungen teilzuhaben, ohne das Leben im Einklang mit der Natur und den Jahreszeiten aufzugeben. Noch paradoxer wird es, wenn man sich die negativen Folgen der durch diese Landflucht verursachten Konzentration und Verdichtung in den Städten vor Augen führt: immer größer werdender Bedarf an Nahrung, Energie und immer intensivere Ausbeutung von Ressourcen, die von weither beschafft werden müssen.

Immer weiter nach vorne rückt auch das Datum des Erdüberlastungstags, das heute bereits in der Jahresmitte erreicht wird. In der zweiten Hälfte des Jahres lebt die Menschheit auf Pump der Natur.[105] Noch 1970 wurde unser Bedarf an Ressourcen bis zum Ende des Jahres von »einer Erde« gedeckt. Dreißig Jahre später war der Erdüberlastungstag bereits Ende September und 2019 schon Ende Juli erreicht. Wegen der Pandemie hat sich das Datum 2020 zwar etwas nach hinten verschoben, um fast einen Monat auf den 22. August. Unterm Strich verbrauchen wir jedoch bei unserem gegenwärtigen Lebensstil mindestens 1,6 Erden jedes Jahr. Doch die Pandemie hat auch gezeigt, dass große Einsparungen bei den Ressourcen möglich sind – und verdeutlicht, dass vor allem die globalen Metropolen für den größten Teil des Raubbaus an den natürlichen Ressourcen des Planeten verantwortlich sind.

Dabei stünde unserer Spezies mehr Bescheidenheit an. Rein statistisch gesehen, ist die Anwesenheit des Homo sapiens auf der Erde nämlich eine relative Sache, denn 99 % aller je existierenden Arten sind bereits wieder ausgestorben. Die heute auf der Welt vorkommenden Arten machen nur 1 % des historisch belegten Artenreichtums in der Erdgeschichte aus. Mit ihren 4,5 Milliarden Jahren braucht die Erde den Menschen nicht, um weiter zu existieren. Und es ist gut möglich, dass wir schon bald einem sechsten Massenaussterben[106] entgegensehen, das dann auf das Konto unseres unmäßigen, unkontrollierten Konsums gehen wird.

Der Kampfbegriff *Nachhaltigkeit* ist ein Kürzel für eine viel tiefergreifende Forderung nach einer lebenswerten, zukunftsfähigen und gerechten Welt. Der Ökonom und Friedensnobelpreisträger von 2006, Muhammad Yunus, veröffentlichte vor einigen Jahren das Buch *A World of Three Zeros,*[107] in dem er für eine Welt mit »Null-Emissionen, Null-Armut und Null-Arbeitslosigkeit« plädierte. Diese drei Null-Forderungen stehen nicht zufällig für die drei Dimensionen der Ökologie, der Ökonomie und des Sozialen, und alle drei müssen berücksichtigt werden, um eine wirklich »nachhaltige« Welt zu schaffen. Der Begriff der Komplexität, den Edgar Morin so umfassend analysiert hat, hilft auch hier weiter, um die Systematik der Überlagerungen zu verdeutlichen. So entsteht an der Schnittstelle von Ökologie und Sozialem eine lebenswerte Welt, an der Überlagerung von Ökonomie und Ökologie eine zukunftsfähige, und, wo sich Ökonomie und Soziales überschneiden, eine gerechtere Welt. Eine »nachhaltige Welt« ist das Ergebnis der komplexen Überschneidungen von lebenswerter, zukunftsfähiger und gerechter Welt.

Der Kampf für mehr Nachhaltigkeit ist somit untrennbar verbunden mit mehr Klimagerechtigkeit, mehr sozialer Gerechtigkeit und mehr ökonomischer Gerechtigkeit. In einer sich zunehmend urbanisierenden Welt müssen diese Forderungen bezogen werden auf die unterschiedlichen Größen von Städten und urbanen Regionen und innovativ und zukunftsfähig in den Standorten angemessene Praktiken übersetzt werden. Der ökologische Kampf allein wird jedoch nicht reichen für einen langfristigen Schutz von Umwelt und Klima. Auch Erkenntnisse aus der Mesologie – im Sinne der Lehre von der Integration von Organismus und Umwelt – sowie Ethologie und Verhaltensforschung sind zu berücksichtigen, wenn ökologische Nachhaltigkeit als genuin *humanistisches* Projekt verfolgt werden soll.

Der eher im französischen Sprachraum geläufige Begriff der Mesologie verweist auf die Wissenschaft von der Umwelt, als Lehre der Milieueinflüsse, wobei das menschliche Handeln im Mittelpunkt steht. Eingeführt von Augustin Berque,[108] untersucht der Ansatz die Verflechtungen von geografischen Räumen (Milieus), Mensch und Natur. Dabei wird eine Rückkoppelung unterstellt: Nicht nur die Umwelt beeinflusst das Leben der Menschen, sondern auch umgekehrt, die Lebensweise der Menschen wirkt zurück auf die Umwelt, auf die Beziehungen zwischen den Arten und auf das Verhältnis von Mensch und unbelebter Materie, die als integraler Bestandteil von Natur und Umwelt betrachtet wird.

Doch selbst dieser weiter gefasste Begriff von Umwelt ist noch nicht ausreichend, um die Probleme der Gegenwart zu erfassen. Die entscheidende Frage lautet nämlich: Wie ist unsere *Wahrnehmung* von Welt und Umwelt? Was denken wir, wie sehen und empfinden wir sie? Und vor allem: Welche Folgen hat diese Wahrnehmung für unser Handeln im Hinblick auf die Herausforderungen des dringend erforderlichen Wandels, vor dem wir stehen? Der Soziologe und Philosoph Bruno Latour spricht von einem »neuen Klimaregime«[109] und bezeichnet das urbane Paradox als Ressourcen vernichtenden Widerspruch zwischen »der Welt, in der wir leben« und »der Welt, von der wir leben«. In Zeiten der Hypervernetztheit und der Erzeugung von »Blasen«, die (über soziale Medien) das Verhalten von Massen lenken können, würde ich Latours Diagnose sogar erweitern um »die Welt, in der wir glauben zu leben«. Als »unscharfer Spiegel« der Wirklichkeit steht diese dritte Ebene für eine Form von Realitätsverzerrung (oder Wunschvorstellung) hinsichtlich unseres konsumgetriebenen urbanen Lebensstils, die uns trotz der Gefahren des Klimawandels weiterhin unverbrüchlich am Ausbeuten der fossilen Ressourcen und klimaschädlichen Verhaltensweisen festhalten lässt. Denn wie sonst lässt sich erklären, dass SUVs in Zeiten des Klimanotstands die meistverkauften Fahrzeuge weltweit sind, obwohl die sperrigen Vehikel im städtischen Raum keinerlei zusätzlichen Nutzen erbringen und der Umwelt in höchstem Maße schaden? In einer Studie der Internationalen Energieagentur IEA zeigt sich, dass SUVs mit jedem neuen Modell schwerer werden und inzwischen zu den Hauptverursachern von CO_2-Emissionen zählen.[110] Hatten sie 2010 noch einen Marktanteil von 18 % (35 Millionen Fahrzeuge), waren es 2018 bereits 40 % (200 Millionen) aller Fahrzeugverkäufe weltweit. Sollten die Zahlen weiterhin in diesem Tempo steigen, entspräche das einem zusätzlichen Bedarf an zwei Millionen Barrel Öl *pro Tag* in den nächsten zwanzig Jahren. Dies würde die Energieeinsparungen von etwa 150 Millionen Elektroautos völlig zunichte machen.

Die dritte Säule eines erfolgversprechenden Ansatzes für den ökologischen Wandel ist deshalb die Ethologie[111] oder systemische Verhaltensforschung. Denn die Frage muss lauten: Was macht uns zu einem bewussten, engagierten Akteur des Wandels, oder anders herum: Wie werden wir zu einem Bremsklotz, Klimaleugner oder Gegner? Ohne Rückgriff auf die Ethologie ließen sich auch die Beeinträchtigungen der Lebensqualität in den Städten durch unsoziales Verhalten und Vandalismus kaum erklären. Nehmen wir die Abfallbeseitigung als Beispiel. Sauberkeit ist ein Dauerthema in urbanen Räumen. Doch in welchem Maß tragen die Bewohner selbst zur Sauberkeit und Abfallentsorgung bei? Welche Haltungen, Denkweisen und Einstellungen spielen dabei eine Rolle? Wie hoch wäre die Zahl derer, die bereit wären, ihren Hausmüll mehrmals wöchentlich zu einer öffentlichen Sammelstelle zu tragen, wenn es keine städtisch organisierte Abholung der Tonne vor dem Haus gäbe? Oder anders gefragt: Warum ist unser Müll eigentlich kein öffentliches Gut, keine Sache der Allgemeinheit?

Wir brauchen einen interdisziplinären Ansatz, der Ökologie, Mesologie und Ethologie vereint, um das komplexe Verhältnis zwischen »der Welt, in der wir leben«, »der Welt, von der wir leben« und »der Welt, in der wir glauben, zu leben« zu erfassen. Nur eine systemische Analyse der Ursachen von Klimanotstand und Verlust von Biodiversität kann die komplexen Widersprüche des urbanen Lebens erklären und den Zusammenhang zwischen Natur, Gesellschaft und Lebensstil in seiner ökologischen, ökonomischen und sozialen Dimension erkennen. Ein tiefergehendes Verständnis des menschenverursachten Wandels im Anthropozän ist unabdingbar im Kampf für eine nachhaltige Welt, der den Mehrwert für die Allgemeinheit und gesellschaftlichen Zusammenhalt im Blick behält. Ein Umdenken im Verhältnis von Mensch, Natur und Gesellschaft, aber auch hinsichtlich der Beziehung zwischen den Menschen ist notwendig. Das gelingt nur, wenn wir uns auf die Idee des Gemeinwohls zurückbesinnen und unser Handeln ressourcenschonend mit den natürlichen Bedingungen harmonisieren. Wenn wir uns gegenseitig Respekt und Achtung zollen und Vielfalt zulassen.

In seinem Buch *Kapitalismus im Lebensnetz: Ökologie und die Akkumulation des Kapitals*[112] verweist der Umwelthistoriker Jason W. Moore auf die Notwendigkeit, Systeme stets in ihrer Verflechtung mit anderen Systemen zu betrachten, also zum Beispiel Klima, Ernährung, Arbeit und Finanzwirtschaft nicht getrennt zu analysieren. Ausgehend vom Begriff *oikos** schlägt er vor, Art und Umwelt als komplexe Einheit zu denken, als vielgestaltiges Netz von Wechselbeziehungen, in dem die Umwelt verschiedene Arten, gleichzeitig jedoch auch Arten verschiedene Umwelten hervorbringen. Er prägt den Begriff des »Lebensnetzes«, ein auf multiple Interdependenzen beruhender Komplex im Zeitalter des Kapitals, von ihm in Analogie zum

* Altgriechisch für »Haus«, »Hausgemeinschaft«.

Anthropozän auch »Kapitalozän« genannt. Andere radikale Denker gehen noch einen Schritt weiter und sprechen angesichts des Frontalangriffs auf den klimapolitischen Fortschritt zur Befriedung von Industriekonzernen und ihren Lobbyisten (man denke an Donald Trump und Konsorten) vom »Megalozän«, dem »Zeitalter der Soziopathen«,* in dem der Narzissmus des Menschen den Untergang des Planeten vorantreibt in einer unguten Mischung aus Habgier, Egoismus, Individualismus, Fremdenhass und der Verfolgung von Andersartigkeit.

Im Anthropozän werden Wandel und Krisen vom Menschen verursacht, von unserer Jagd nach Profit und Rendite, von unserer Gier, unserer Verschwendungssucht und einem auf Individualismus und Egoismus basierenden Lebensstil. Wir müssen ein Bewusstsein dafür entwickeln, dass wir so das Überleben unserer Art aufs Spiel setzen. Ein Denken in komplexen Zusammenhängen impliziert auch das Verhalten von staatlichen und kommunalen Entscheidungsträgern, die in einen offenen Dialog treten müssen, auch mit engagierten Bürgern, deren Interessen und Erfahrungen bei der Suche nach neuen Lösungen im Umgang mit dem Klimawandel wichtig sind.

Im Jahr 2009 veröffentlichte die Weltbank eine bis heute hochaktuelle Studie mit dem Titel *Reshaping economic geography* [Wirtschaftsgeografie neu denken],[113] die globale Städte und Metropolen als »Katalysatoren der Produktivität und des Fortschritts« vorstellt und so einen positiven Gegenpol zu den oft genannten negativen Aspekten wie urbane Verdichtung und soziale Ungleichheit zeichnet. Tatsächlich sind neben den reichen Ländern des Westens vor allem Großstädte und dynamisch wachsende Metropolregionen äußerst produktive »Systeme«:

---

* Die Bezeichnung geht zurück auf den Umweltaktivisten und Autor Derrick Jensen, Mitbegründer von Deep Green Resistance (DGR).

- 60 % der weltweiten Produktion wird in 600 Städten erwirtschaftet, die zusammen nur 1,5 % der Landfläche unseres Planeten einnehmen.[114]
- Kairo produziert mehr als die Hälfte des ägyptischen BIP, bedeckt aber nur 0,5 % der Fläche des Landes.
- Drei Bundesstaaten im Zentrum und Süden Brasiliens machen zusammen 15 % des Landes aus, erwirtschaften jedoch über die Hälfte des nationalen BIP.
- Die großen urbanen Zentren in Nordamerika, Japan und in der Europäischen Union produzieren zusammen drei Viertel des globalen Reichtums, obwohl dort weniger als eine Milliarde Menschen leben.

Dieser konzentrierten Wirtschaftsmacht muss über zehn Jahre nach der Weltbank-Studie allerdings ein schlechtes Zeugnis ausgestellt werden: Sie schließt nach wie vor den größten Teil der Weltbevölkerung aus. Das ist das Paradoxon der »Stadt als Katalysator des Fortschritts«. Je produktiver ihr wirtschaftlicher Metabolismus, desto mehr Menschen zieht sie an, die am Wohlstand teilhaben wollen, doch damit wachsen auch Armut und soziale Ausgrenzung.

Chinas Entwicklung zur zweitgrößten Wirtschaftsmacht der Welt ist nicht ohne die Hyperregionen[115] Beijing-Harbin im Norden, dem Jangtse-Delta mit Shanghai, Ningbo-Zhoushan (dem größten Hafen der Welt), Hangzhou und 150 weiteren Städten im Westen, sowie der Perlfluss-Region auf der Achse Macao-Hongkong im Süden zu erklären. Betrachten wir die Perlfluss-Region etwas genauer. Mit etwa 66 Millionen Einwohnern ist sie die bevölkerungsreichste urbane Agglomeration der Welt. Die Verdichtung und Hyperurbanisierung dieser Region vollzog sich rasant innerhalb weniger Jahre. Wie die beiden anderen chinesischen Hyperregionen im Norden und Westen, besteht auch diese aus einem engmaschigen Netz aus Städten, Seehäfen und Sonderwirtschaftszonen.[116] Die Erfolgsgeschichte und wirtschaftliche Entwicklung der Perlfluss-Region fußt jedoch auf der massenhaften Binnenmigration von Millionen Chinesinnen und Chinesen, die sich dort in kürzester Zeit ansiedelten, und einer dezentralen Verwaltung der Sonderwirtschaftszonen, die zum Niedergang der traditionellen Lebensweise und der kleinindustriellen oder landwirtschaftlichen Arbeitsweise in den regional verwurzelten Volkskommunen führte. Die wachsende nationale und internationale Nachfrage nach Massengütern aller Art machte das Delta zum wirtschaftlich mächtigsten und flächenmäßig größten polyzentrischen Ballungsraum der Erde, der seine Stärke paradoxerweise aus der Schwächung und Zerschlagung herkömmlicher Lebens- und Arbeitsweisen bezieht. Ein BIP, das dem von ganz Südkorea entspricht, macht das Perlfluss-Delta heute zu einer der reichsten Regionen der Welt.[117]

Näher bei uns, in den Niederlanden, liegt die Region Randstad (holländisch für »Städtering«), ein Ballungsgebiet, das die Städte Amsterdam, Rotterdam, Den Haag und Utrecht einschließt und in dem 8 Millionen Menschen leben; das entspricht zwei Fünftel der niederländischen Gesamtbevölkerung.[118] Randstad ist nach London, Paris und Mailand die viertgrößte Wirtschaftszone in der Europäischen Union. Das engmaschige Netz verbindet nicht nur den größten europäischen Hafen, Rotterdam, und den drittgrößten Flughafen Europas, Schiphol, mit den Ringstädten, sondern bewahrt auch ein dünn besiedeltes grünes Gebiet mitten in seinem Zentrum – das *Groene Hart*. Als Gegengewicht zum dicht besiedelten, hyperurbanisierten Städtering ist dieses spannende Freilandlabor ein Reservat des Natur- und Landschaftsschutzes. Als »Landschaftsgebiet von nationalem Interesse« vereint das ökologische Juwel den Erhalt von Torfmooren, eine gut funktionierende landwirtschaftliche Nutzung und hohen Erholungswert. Die Bewohner der Randstad schätzen ihr grünes Herz nicht nur wegen der vielen blauen und grünen Bänder und ökologischen Korridore, sondern lieben es auch für die landschaftlichen Reize und Freizeitmöglichkeiten, die dieser *große Stadtpark* bietet.

Ebenfalls in Europa zeigt sich am Beispiel Mailand, dass nachhaltige Stadtentwicklung auch in einem komplizierten, hochbeweglichen politischen Umfeld funktionieren kann. Die Metropole im Norden Italiens durchlief anlässlich der Weltausstellung 2015 einen zehn Jahre umfassenden Stadterneuerungsprozess. Dann wurden zweiundvierzig Palmen und ein paar Bananenstauden zum Politikum, weil sie den (grauen) Vorplatz ihres Wahrzeichens, des berühmten Mailänder Doms, begrünen sollten. Das brachte die Mailänder buchstäblich »auf die Palme«. Man mokierte sich über das Projekt, das auch politisch instrumentalisiert wurde. Doch der Bürgermeister hielt daran fest und startete die Kampagne »Mailand wagt es«, schöpfte aus der reichen DNA der Stadt und stärkte so ihr Image als vielgestaltige, kulturell und wissenschaftlich attraktive, ästhetisch ansprechende, kreative, gastfreundliche, weltgewandte und wandlungsfähige Metropole. Als Standort für viele internationale Unternehmen, als Design- und Modemetropole, als Mittelpunkt der italienischen Verlagslandschaft, der renommierten Wirtschaftsuniversität Bocconi und kulturellen Schwergewichten wie dem Opernhaus Teatro alla Scala, ist Mailand trotz einer nie endenden Abfolge politischer Regierungskrisen stets ein taktgebendes urbanes Zentrum im Herzen Europas geblieben. Die von 2008 bis 2013 errichteten Zwillingstürme des Architekten Stefano Boeri, die als »Vertikaler Wald« Weltruhm erlangten, sind das Wahrzeichen einer neuen urbanen Ökologie.[119] Mailands europäische Ausrichtung, die jeder politischen Krise in Italien standhält, lässt sich auch ablesen an den hocheffizienten Verkehrsanbindungen zu allen wichtigen Regionen des Kontinents. Die Hauptstadt der Lombardei hat 1,3 Millionen Einwohner, die Metropolregion besteht aus 134 Gemeinden mit insgesamt

3,2 Millionen Bewohnern[120] und bildet das Zentrum des vierten Beckens [des Naviglio Pavese] mit einer Bevölkerung von insgesamt 8,1 Millionen. Mailand verfügt mit 18 Tram-Linien auf 115 Schienenkilometern über eines der größten Straßenbahnnetze Westeuropas und wurde dafür vom International Transport Forum der OECD ausgezeichnet. Seit 2019 sind sämtliche Dieselfahrzeuge der Euronorm 0, 1, 2 und 3 im Stadtzentrum verboten, bis 2024 sollen auch die Nachfolgenormen 4 und 5 sukzessive aus dem Verkehr verbannt werden. Bereits im Jahr 1998 wurde der »Ökopass« eingeführt, dessen Kontrolle seit 2012 im Gebiet »Area C« (wie Centro) verschärft und zusätzlich mit einer City-Maut belegt wurde. Der Erfolg dieser Aktion war so groß, dass die Stadtregierung den Geltungsbereich zügig ausdehnte. Die Zufahrt zur Stadt wird nun an dreiundvierzig Mautstationen per Videokameras und Nummernschilderfassung überwacht. Die Daten werden dann mit dem Verzeichnis der Verkehrsteilnehmenden, die ihre Mautgebühren bezahlt haben, abgeglichen.

Das sind nur einige Beispiele, wie variabel und kreativ Stadtverwaltungen mit den komplexen urbanen Entwicklungen und Herausforderungen unserer Zeit umgehen können. Sie zeigen, dass es nicht unmöglich ist, neue Pfade zu beschreiten, und sollten alle politisch Verantwortlichen in anderen Kommunen ermutigen, nicht in staatlichen, institutionalisierten Vorgaben zu verharren, sondern mutig eigene Lösungen zu suchen. Neue Formen von Governance und Verwaltung müssen auf allen Ebenen der Gebietskörperschaften Einzug halten, um den sozialen, wirtschaftlichen und ökologischen Wandel auch in Verbundstrukturen verwirklichen zu können. Das dürfte angesichts der komplizierten, oft widersprüchlichen Gemengelage im kommunalen Bereich zwar nicht immer einfach sein, ist jedoch unabdingbar.

Auch beim Schlüsselproblem Automobilität im Kampf für mehr Nachhaltigkeit stehen die Zeichen noch nicht auf Erfolgskurs. In Zeiten des Klimanotstands sind die Mengen an Fahrzeugen, die mit nur einer Person besetzt sind, nach wie vor Hauptursache für Dauerstau, Verkehrskollaps und extreme Umweltverschmutzung. Zur Wahrheit gehört jedoch, dass nicht nur das hohe Verkehrsaufkommen an diesem Missstand beteiligt ist, sondern insbesondere die autofreundliche Gestaltung des öffentlichen Raums. Die überbreiten Straßen, Boulevards, Riesenkreuzungen und gigantischen Parkplatzareale, deren asphaltierte Flächen die Böden versiegeln, wurden für den Pkw geschaffen, mit der Folge, dass kaum Platz für Anwohner, Fußgänger und Radfahrer ist. Eine der größten Herausforderung der nächsten Jahre wird es deshalb sein, den Straßenraum neu zu verteilen und den Menschen zurückzugeben. Die Neuausrichtung muss auf die Schaffung von menschenfreundlichen Lebens-Räumen mit vielen natürlichen Komponenten, auch Wasserflächen und urbane Landwirtschaft zielen. Der Befund scheint eindeutig, doch die Suche nach Auswegen erfordert auch ein resolutes, engagiertes Vorgehen und Durchsetzungsstärke auf der Ebene der Lokalpolitik. Kommunale Verwaltungen müssen dabei einen klaren Kurs vorgeben, und das kann eine undankbare Aufgabe sein, weil es radikale Maßnahmen einschließt. Doch die Geschichte wird ihnen Recht geben. Wir verfügen inzwischen über genügend valide Erkenntnisse, um die Politik in die Pflicht zu nehmen.

Dass die Transformation von der auto- zur menschenfreundlichen Stadt gelingen kann, zeigt beispielhaft ein bereits 2002 initiiertes Rückbauprojekt in Seoul, bei dem aus einer innerstädtischen Schnellstraße durch Renaturierung einer lange Zeit nur noch unterirdisch geführten Wasserstraße der neue Stadtpark Cheonggyecheon entstand.

In New York stieß der ehemalige Bürgermeister Bill de Blasio bedeutende Innovationen im Rahmen des Großprojekts One NYC 2050 an,[121] um Mobilität von der Nutzung privater

Fahrzeuge abzukoppeln. Das Angebot an alternativen Fortbewegungsmöglichkeiten wurde ausgebaut, Busse haben auf ihren Fahrten durch die Stadt Vorrang und kommen durch erweiterte Busspuren und Signalverbesserungen schneller vorwärts, Geschäfte und Unternehmen, die außerhalb der Hauptgeschäftszeiten anliefern lassen, werden unterstützt, und in Lower Manhattan entstehen grüne Zonen, in denen Fußgänger Vorrang haben. Außerdem wurde die Einführung einer City-Maut beschlossen, die bald in Kraft treten soll. Im November 2019 wurden vom Stadtrat 1,7 Milliarden Dollar bewilligt, um den Straßenverkehr für Radfahrer und Fußgänger sicherer zu machen. Im Stadtraum New York sollen 250 neue Radwege und geschützte Fahrradstreifen entstehen und insgesamt ein städtisches Umfeld entstehen, das »mit der Automobilkultur Schluss macht« und dem Verkehr per Pedes und Rad Vorrang einräumt.

In Kolumbiens einst gefährlichster Stadt Medellín beweisen das Projekt Stadtpark »Parques del Rio« und der Bau des spektakulären innerstädtischen Seilbahnsystems »Metrocable« ebenfalls, dass Renaturierung und die Rückgewinnung von Flussläufen einen immensen Beitrag zur Metamorphose einer Stadt leisten und Menschen zu einem anderen Lebensstil bewegen können. Leben *mit* der Natur fördert nicht zuletzt den kulturellen Wandel und die gesellschaftliche Integration, auch das zeigt sich in Medellín. In der Stadt wurden viele neue, zum Teil digitale Dienstleistungsmodelle geschaffen; für die Umgestaltung zu einem lebenswerten, sozial befriedeten Raum der Begegnungen und des Miteinanders wurde sie mehrfach international ausgezeichnet.

Mit dem »Kurze-Wege«-Konzept hat auch Kopenhagen einen innovativen Beitrag zur Stadterneuerung geleistet. Das neue Quartier Nordhavn ist ein Meilenstein in Sachen Integration von urbaner Umwelt, Sozialpolitik und Wirtschaftlichkeit, im Hinblick auf Hyperproximität und schnelle Erreichbarkeit (innerhalb von fünf Gehminuten) von Dienstleistungseinrichtungen und Geschäften des täglichen Bedarfs und nicht zuletzt auch in puncto Mehrfach- und Mischnutzungskonzepte.

In Afrika zeigt das Beispiel Kigali, wie die Transformation urbaner Räume unter Berücksichtigung sozialer, ökologischer und ökonomischer Grundsätze funktionieren kann: Seit 2004 sind Plastiktüten und -verpackungen verboten, und die Einwohner werden regelmäßig zu *umunga* verpflichtet, ein Tag, an dem sie sich daran beteiligen, den Müll in der Stadt zu beseitigen. Die Innenstadt wurde verkehrsberuhigt, weitläufige Fußgängerzonen sind entstanden und Dienstleistungen werden dezentral angeboten – all dies ist das Ergebnis einer beherzten, resoluten Verwaltung, die auf Dekarbonisierung setzt. Ruanda hat auch beim Einsatz von Drohnen für den Medikamententransport zur Verbesserung der medizinischen Versorgung eine Vorreiterrolle.

Im chinesischen Shenzhen hingegen ist die weltweit größte Flotte von Elektrobussen im Einsatz, dank einer Kommunalpolitik, die sich zum Ziel gesetzt hat, der öffentlichen Mobilität Vorrang einzuräumen, um den Stadtraum gerechter zu verteilen und ihn den Bewohnern zurückzugeben.

Der kritische Zustand, in dem wir uns bereits befinden, lässt uns keine Wahl. Zwischenlösungen und Provisorien sind keine Option. Klimaneutralität bis 2050 bedeutet eine radikale Reduzierung des CO_2-Ausstoßes in den nächsten Jahren, und Mobilität spielt dabei eine Schlüsselrolle. Deshalb müssen Dekarbonisierung und hohe Verdichtung, gemeinsame Nutzungsmodelle, Einsparung von Wegen und Ressourcenschonung für den urbanen Wandels stehen.

Metropolen sind keine isolierten Einheiten, sie sind verortet und eingebettet in bestimmte territoriale Gegebenheiten, mit denen sie in einem Wechselverhältnis stehen. Ist dieses Verhältnis ausgewogen, kann ein Sinn für Territorialität und Zugehörigkeit entstehen, ein Gefühl bei den Anwohnern, dass es »ihre Stadt« ist, auch als Gegenmittel zu sozialer Ungleichheit und Verelendung. Verbundenheit mit dem urbanen Lebensraum schließt ein Bewusstsein der Risiken, die dieses Verhältnis heute und in Zukunft bedrohen, mit ein. Unter Territorialität verstehe ich, die Verantwortung für seinen Lebensraum zu übernehmen und neuen Erkenntnissen offen gegenüber zu stehen. Die Beziehung zwischen Mensch, Lebensraum und Natur hat sich durch massive Verstädterung in den vergangenen Jahrzehnten drastisch gewandelt. Industrielle Großbauten, Umweltverschmutzung, Ressourcenerschöpfung, Trockenstress und damit einhergehende negative Effekte führen zu sinkender Lebensqualität in den Städten, beeinträchtigen unsere Gesundheit und gefährden sogar das Überleben auf diesem Planeten. Selbst in mittleren und kleineren Städten ist die Balance zwischen urbaner Umgebung, Alltagsroutinen, Agrarwirtschaft und Artenvielfalt aus dem Lot geraten.

Es liegt an uns allen, die politisch Verantwortlichen, die kommunalen Entscheidungsträger in ihrem couragierten Kampf für mehr Nachhaltigkeit mit unserem Wissen und Können zu unterstützen und bei der Umgestaltung der Städte, beim Wandel im Kleinen verantwortungsvoll zu begleiten. Der Handlungsbedarf ist enorm, weiteres Nichtstun hätte dramatische Folgen.

6

Stadt der Nähe auf dem Prüfstand

Die 15-Minuten-Stadt

»Die Welt verändert sich, alles rückt räumlich und zeitlich zusammen, Grenzen lösen sich auf, die Welt wird zu einem Körper. Eine Reise von Paris nach Brüssel wird man bald in Minuten zählen können, eine Reise um die Welt in wenigen Tagen«, prophezeite Paul Hazard in einem Vortrag mit dem Titel »Die Franzosen im Jahr 1930«.[122] Er wurde 1940 unmittelbar vor der deutschen Besetzung Frankreichs als letzter Intellektueller zum Mitglied der Académie française gewählt, konnte seine Stelle jedoch nie antreten, da er kurz vor der Befreiung verstarb.

Auf die Gesetze der Physik ist Verlass und die Entwicklungen in Wissenschaft und Technik haben Distanzen, Zeiten, Geschwindigkeiten, Beschleunigung und kinetische Kräfte potenziert, die den Takt der Moderne vorgaben. Für eine Reise von Paris nach Lyon brauchte eine Postkutsche um 1800 noch 108 Stunden, ein für den Galopp taugliches Kutschmodell um 1840 nur noch 36 Stunden. Ab 1870 dauerte die 470 Kilometer lange Strecke mit der Eisenbahn noch 9 Stunden und 17 Minuten. Heute legt der TGV sie in unter zwei Stunden zurück.[123]

Zeitmessung war früher eher ein subjektives Gefühl, das eng mit dem gelebten, gegenwärtigen Moment und den damit einhergehenden Sinnesempfindungen verknüpft war, bevor die Zeit funktionalisiert wurde. Daran erinnert der Historiker Christophe Studeny:

> Um 1830 reiste Georges Sand mit der nächtlichen Kurierkutsche, doch die Rast an den Relaisstationen während des Tages ließen ihr noch genügend Zeit, um der Kutsche vorauszugehen und etwa im Mai den Schmetterlingen zu folgen, Blumen zu pflücken oder mit den Winzern entlang des Wegs zu plaudern. Victor Hugo benötigte für seine Reise in die Pyrenäen nur noch 36 Stunden, doch er konnte die Gegend nicht mehr in Ruhe bestaunen, was damals viele Reisende verdross, weil die Kutsche zu schnell durch die Landschaft fuhr.[124]

Zeitmessung mittels aufwändig verzierter Standuhren mit Goldpendeln war im vorletzten Jahrhundert eher ein Zeichen für Vornehmheit und Reichtum als zweckdienlich. Die Notwendigkeit der genauen Zeiterfassung entstand dann mit dem Ausbau der Eisenbahn, was einen Wettbewerb der Präzisionsmessung in Gang setzte. Doch erst mit dem Taylorismus und Fordismus, mit der Massenproduktion am Fließband zu Beginn des 20. Jahrhunderts, wurde die Zeit und ihre Messung tatsächlich zu einer wichtigen Größe. Eine Passage aus einer Schrift von Frederick Taylor mag dies verdeutlichen:

> Sie [die Arbeiter] einfach in ihrem Tempo gewähren und die Arbeitsleistung absichtlich verlangsamen zu lassen, leistet aus zwei Gründen der Verringerung der bestmöglichen Leistung Vorschub. Erstens aufgrund des dem Menschen angeborenen Zugs, sich vor der Arbeit zu drücken, was ein Zeichen seiner natürlichen Nachlässigkeit ist. Zweitens aufgrund einer komplizierten

> Gemengelage, die sich aus den Beziehungen der Arbeiter untereinander ergibt und als »systemische Nachlässigkeit« zu bezeichnen ist.[125]

Taylors Innovation bestand darin, die einzelnen Handgriffe eines Arbeiters am Fließband zeitlich exakt zu bestimmen. Mit einer Stoppuhr legte er so die einzig richtige, weil effizienteste Art und Weise fest, wie eine Bewegung auszuführen sei. Die Produktionsmethode des »one best way« war geboren.

Der US-amerikanische Technikhistoriker und Stadtforscher Lewis Mumford erklärte die Uhr zur wichtigsten Erfindung der industriellen Revolution: »Die Uhr ist ein Maschinenwerk zur Produktion von Sekunden und Minuten.«[126] Durch die genaue Messung der Zeit konnten Arbeitsteilung und Leistung optimiert werden. Die Arbeitsabläufe in der Produktion wurden präzise analysiert und die Ergebnisse anschließend in Form einer Gebrauchsanweisung zur bestmöglichen Ausführung von Handgriffen und Einzelbewegungen am Band an die Arbeiter weitergegeben. Die Berechnung von Zeit in Form von Stunden, Minuten und Sekunden breitete sich rasch auf sämtliche gesellschaftliche Bereiche aus. Die exakte Zeiterfassung mittels eines Chronometers am Handgelenk wurde in den 1960er Jahren populär, als die Quarzuhr zum Taktgeber unseres Alltags avancierte. Die Umbrüche Ende der 1960er Jahre, die gemeinhin mit der Chiffre »1968« umschrieben werden, richteten sich dann gegen die ausbeuterischen Strukturen der Fließbandproduktion und ließen einen Willen erkennen, die Eigenkontrolle über die Zeit zurückzuerlangen. Dennoch verstärkten die zunehmende Verstädterung und die Umbauten der Städte über Jahrzehnte hinweg die Tendenz, dass Wohn- und Arbeitsort nun weiter entfernt voneinander lagen und dadurch sehr viel messbare Zeit verlorenging. Die Missstände dieser mehr oder minder großen räumlichen Distanz zeigten sich in der Phase der Deindustrialisierung: Die Lebensqualität in den Städten war gesunken, die Anonymität gestiegen, die Menschen fühlten sich nicht mehr zuhause im städtischen Raum; Sinnverlust und Rückzug waren die Folge. Das Gefühl von Verbundenheit mit dem Ort, an dem man lebte, und der Zusammenhalt mit der Nachbarschaft hatte sich im täglichen, massenhaften Hin und Her per U- oder S-Bahn und noch lieber im Privatfahrzeug, das zum Statussymbol für gesellschaftlichen Aufstieg und Karriere wurde, verloren. Das individuelle Zeitgefühl wurde von der Fabrik-Zeit, der Arbeitszeit, überlagert.

In seinem Buch *Die Stadt*[127] untersuchte Lewis Mumford die Entwicklung von Großstädten. Die Zersiedelungspolitik und die damit einhergehenden sozialen Probleme in modernen Gesellschaften führt er unmittelbar auf die Stadt-Fabrik zurück. Mumford war ein Visionär und Verfechter der menschengerechten Stadt, des kompakten Nahbereichs und eines ganzheitlichen Blicks auf die Stadt als Organismus und Metabolismus, der das Zusammenleben der Menschen und das Verhältnis zu ihrem Lebensraum formt. Angesichts von »Finanzmetropolisierung« und der Schaffung von städtischen Räumen, in denen kein Leben mehr stattfindet, warnte er früh vor politischer Manipulation, vor Demagogen und vor der Versklavung des Menschen durch ein Großstadtleben ohne Bezug zu seiner Umgebung. Die bauliche Umwelt und wirtschaftliche Funktion der Stadt war zweitrangig, für ihn stand die Beziehung der Menschen zur natürlichen Umgebung und zu den geistigen und gesellschaftlichen Werten einer städtischen Gemeinschaft im Zentrum. In einem 1955 im *New Yorker* erschienenen Artikel mit der Überschrift »The Sky Line« wehrte sich Mumford gegen technische Lösungsansätze, die immer neue Infrastruktur und Straßenverkehrswege hervorbringen zulasten der Lebensqualität der Bewohner:

> Das von den Experten verordnete Allheilmittel gegen den Verkehrsinfarkt in New York beruht auf der Vorstellung, das Problem sei durch den weiteren Ausbau von Verkehrswegen zu beheben, von immer mehr Stadtautobahnen und noch mehr Parkplätzen für Autos, die eigentlich von vornherein aus dem Stadtverkehr verbannt gehörten. Man folgt dem alten Prinzip des Schneiders, der seinem übergewichtigen Kunden rät, die Säume auszulassen und den Gürtel zu lockern. Doch das wird den ungezügelten Appetit nicht schmälern, der die Speckfalten nährt.

Mumfords Worte verhallten mehr oder weniger ungehört, genau wie die kritischen Stimmen von Jane Jacobs und anderen, die an der Vormachtstellung von Massenproduktion und Massenkonsum nicht rütteln konnten. Andere Vorstellungen von Territorialität, Urbanität, Zeitlichkeit und Distanzen zugunsten der Lebensqualität in den Städten waren nicht vorgesehen. Mein Ausgangspunkt für alle weiteren Überlegungen ist deshalb die verlorene Lebenszeit. Warum müssen Menschen denn um sechs Uhr in der Früh aufstehen, eine Stunde Fahrtzeit zur Arbeitsstelle auf sich nehmen und wertvolle Zeit mit der Familie opfern? Die Antwort lautet: Weil sie keine andere Wahl haben. Ihr Tagesrhythmus, ihre Routinen werden durch den städtischen Lebensraum bestimmt. Ein Ausweg bietet nur ein völlig anders gearteter stadtplanerischer Ansatz, einer, der die zeitliche Dimension ins Zentrum rückt und Ort, Fortbewegung und Zeitaufwand besser synchronisiert. Der in diesem Zusammenhang relevante Begriff des »Chrono-Urbanismus« steht in der Tradition der Forderung nach einer menschengerechten Stadt, die auch Jane Jacobs und Vertreter des New Urbanism[128] bewegte, und er beschäftigt sich kritisch mit der Nutzung und den Nutzungspotenzialen von städtischem Raum. Weitere Ideengeber sind der Geograf Torsten Hägerstrand[129] sowie neben anderen François Ascher[130] und Luc Gwiazdzinski[131].

Meine Idee der 15-Minuten-Stadt geht allerdings weiter, da sie zusätzliche Dimensionen und eine multipolare Perspektive integriert. Es geht eben auch darum, Dienstleistungen wieder näher an die Menschen heranzubringen, den Nahbereich und kurze Wege zu priorisieren, nachbarschaftliche Beziehungen zu stärken, die durch die Arbeitsbedingungen der Moderne korrodierten sozialen Verhältnisse aufzubrechen, die unter anderem Menschen ohne Arbeit abwerten, und sich generell von dem Typus Stadt zu verabschieden, der vom Auto als Symbol von Status und männlicher Vorherrschaft dominiert wird. Das neue Ziel lautet: Verbundenheit mit dem Ort, an dem man lebt, kultivieren und den Zusammenhalt, das kollektive Zugehörigkeitsgefühl und Engagement im Quartier stärken. Nur eine polyzentrisch strukturierte Stadt kann die menschenunfreundlichen Bedingungen der Moderne aufbrechen. Der hier verfolgte Ansatz zur Umgestaltung der Stadt stellt zuerst ihre Nutzungsmöglichkeiten auf den Prüfstand. Bestehende Infrastrukturen lassen sich durch Mehrfach- und Mischnutzung optimieren, funktionale Gebäude multiplen Zwecken zuführen, etwa wenn Schulen außerhalb der Unterrichtszeiten für soziale und kulturelle Veranstaltungen offenstehen. »Chronotopie« lautet das Stichwort hier. Schließlich ist auch die Stärkung eines Gefühls der Verbundenheit mit und Zugehörigkeit zu einer Stadt wichtig, um Segregation, Leerstand und unsozialem Verhalten entgegenzuwirken. Der Fachbegriff hierfür ist »Topophilie«.

Die 15-Minuten-Stadt ist eine Synthese dieser drei grundlegenden Aspekte. Sie gestattet die Einführung eines anderen Takts in die alltäglichen Abläufe, einen Tagesrhythmus, der mehr Zeit lässt für die Familie, die Nachbarschaft und für uns selbst. Die Viertelstunden-Stadt vervielfacht die Nutzungsmöglichkeiten von Orten und Plätzen und schafft im besten Fall ein Gefühl von Wertschätzung und Verbundenheit mit dem jeweiligen Standort. Auf den Spuren der verlorenen Zeit betont sie Kreativität, Gemeinsinn und die Rückkehr zu einer individuellen Kontrolle über die eigene Zeit. Anders als die Zeit, die bisher in der Anonymität, in der Hektik des Alltags, im werktäglichen Pendelstress buchstäblich auf der Strecke geblieben ist, bietet die 15-Minuten-Stadt durch kurze Wege mehr Raum für nachbarschaftliche Begegnungen, gemeinschaftliche Nutzungen und mehr Miteinander. Die große Herausforderung besteht darin, solche menschengerechten Strukturen nicht nur in Kleinstädten, sondern auch in den Metropolen zu schaffen.

Die weltweite Corona-Pandemie hat auch offengelegt, wie sehr unser Tagesrhythmus von der Struktur des urbanen Raums bestimmt ist. Auf einmal ging es nicht allein darum, die medizinische Versorgung der Bürgerinnen und Bürger sicherzustellen, sondern in hohem Maße auch, einen Wandel des Alltagsrhythmus, ein Umdenken in täglichen Abläufen, eine Art Kulturwandel herbeizuführen. Die Krise warf die grundsätzliche Frage nach unserer Lebensweise auf und danach, womit wir unsere Zeit verbringen.

Die Großstadt ist dabei Problem und Lösung zugleich. Wichtig für einen nachhaltigen Wandel unseres Lebensstils ist es, sich zunächst vor Augen zu halten, wieviel Zeit wir durch die Trennung und Fragmentierung von urbanen Räumen verlieren, um lange Wegstrecken zurückzulegen. Unser zeitraubendes Fortbewegungsverhalten, das alltägliche Pendeln zwischen Wohn- und Arbeitsort ist ein Korrelat der Massenproduktion und des gesteigerten Konsumverhaltens in der Moderne. Die Pandemie stellte uns nun vor die Frage: Wie muss, wie kann die Stadt aussehen, in der wir in Zukunft leben wollen? Welche Formen der Mobilität sind uns wichtig? Müssen wir ständig derart weite Strecken zurücklegen im Alltag? Und wie können wir unser Verhältnis zum urbanen Raum und zum Takt der Großstadt neu definieren?

Das Konzept der 15-Minuten-Stadt schaffte es bereits ins Programm des internationalen Netzwerks der Bürgermeister für Klimagerechtigkeit *C40* und wird von den beteiligten Kommunen gefördert, die eine andere Vision von Stadt auf der Basis von Ökologie, Humanität und Gerechtigkeit verfolgen. Auch Mailand, Edinburgh, Montreal, Melbourne und Ottawa haben sich der Idee verschrieben, die, im Rahmen der UN-HABITAT III und massiv unterstützt von lateinamerikanischen Ländern, auf die Neue Urbane Agenda 2030 gesetzt wurde. Inzwischen hat die Viertelstunden-Stadt viele Anhänger und wird immer dann zum Thema, wenn es um die Zukunft des Zusammenlebens in der Großstadt geht. Als neues Leitkonzept wirkt die Stadt der Nähe der bisherigen Trennung von Wohnen, Arbeit, Versorgung und Freizeit entgegen. Mit dem Slogan »Paris en Commun« [Miteinander für Paris] hat die 2020 wiedergewählte Pariser Bürgermeisterin Anne Hidalgo das Modell sogar zum Wahlkampfthema gemacht und seitdem viele konkrete Maßnahmen zu dessen Realisierung eingeleitet.[132] Die Viertelstunden-Stadt ist eine wichtige Säule ihres neuen Mandats und bestimmt viele Debatten um Stadterneuerung und urbane Entwicklungen, die die Stadt fit für die Zukunft machen sollen.

Die im hektischen, beschleunigten Großstadtleben auf der Strecke gebliebene Zeit, Anonymität, damit einhergehende Ängste, Depression und Einsamkeit als Korrelate der urbanen Lebensweise rückten während der Pandemie verstärkt ins kollektive Bewusstsein. Durch die Ausgangsbeschränkungen und den kleinen Radius, in dem sich unser Leben nun abspielte, durch das Versammlungsverbot und andere präventive Vorkehrungen wurde das Leben in der Metropole auf einmal wieder überschaubarer und konzentrierte sich weitgehend auf die Nachbarschaft. Diese »Entsaturierung« des städtischen Raums ist eine Blaupause für die polyzentrische, engmaschig mit allen wichtigen Einrichtungen vernetzte Stadt der Nähe und der kurzen Wege. Es ist nicht mehr zeitgemäß, öffentliche Räume und Straßen als Verkehrsstraßen für umweltschädliche

Vehikel zu konzipieren. Der Straßenraum muss den Menschen zurückgegeben, umgestaltet und begrünt werden, um zum Flanieren, Fahrradfahren und Frische-Luft-Schnappen einzuladen. Nahversorgung, Mischnutzung öffentlicher Gebäude, Umwandlung von ebenerdigen Parkplätzen zu Grünflächen und Begegnungszonen, Gründung und Förderung von Reparaturwerkstätten, die aus Alt wieder Neu machen und Recycling ermöglichen, kurze Wege zu allen wichtigen Einrichtungen und Ämtern, eine sozial gemischte Nachbarschaft, die Wohnen, Arbeit, Einzelhandel und Freizeitmöglichkeiten integriert – das sind die Hauptmerkmale der 15-Minuten-Stadt. Der Wandel im Kleinen erfordert ein Umdenken mit Blick auf unser hyper-mobiles Verhalten. Wir brauchen nicht mehr Mobilität, sondern wirksame De-Mobilisierungsstrategien; der urbane Raum muss wieder begehbar werden, emissionsfreie Fortbewegungsmittel müssen Priorität erhalten. Die Viertelstunden-Stadt steht für eine Stärkung und Aufwertung des Lokalen, für eine andere urbane Lebensweise, für gemeinschaftliche Nutzung und genossenschaftliche Strukturen. Nicht Neubau, sondern Umbau, Neuverteilung des Straßenraums und Diversifizierung von Gebäudenutzungen für unterschiedliche Klientelen zu unterschiedlichen Tageszeiten stehen dabei im Fokus. Das Ziel ist, durch ein in der Nähe organisiertes Leben Mehrwert zu schaffen, und zwar für die Allgemeinheit, aber auch für uns selbst, und in stärkerem Maß wieder über unsere Zeit zu verfügen. Eine Welt für Menschen statt für Autos zu schaffen, die Revitalisierung des Wohnquartiers zu fördern und die Aufenthaltsqualität von öffentlichen Räumen, von Plätzen, Parks, Uferpromenaden, Boulevards, Spielplätzen, Musikpavillons u. a. zu erhöhen, sind zentrale Aufgaben bei der Umsetzung des neuen Leitbilds. Die Stadt der Nähe steht für einen neuen, sensiblen Umgang mit dem Stadtraum, bei dem die Schaffung von menschengerechten, multifunktionalen Lebensmittelpunkten und kurzen Wegen zentrale Anliegen sind.

Sechs Grundbedürfnisse müssen deshalb in einem kleinen Radius erfüllt werden: Wohnen, Arbeiten, Einkaufen, Bildung, medizinische Versorgung und Freizeitaktivitäten.

Im Kern dreht es sich bei der 15-Minuten-Stadt um die Frage, wie wir durch die Umgestaltung des urbanen Raums unsere Lebenszeit besser nutzen können. Als Vermächtnis des Fordismus mit den Folgen Über-Spezialisierung und große räumliche Separation bleibt die Tatsache, dass es den Menschen das Wertvollste gestohlen hat, was sie besitzen: Zeit. Ein neuer Chrono-Urbanismus, der das städtische Leben entschleunigt und Wege spart, indem wichtige soziale und funktionale Einrichtungen und Dienstleistungen auch ohne Auto und Schnellbahn gut erreichbar sind, ist ein Hauptziel unserer städtebaulichen Vision. Die noch immer weitgehend monofunktional strukturierten urbanen Räume von heute müssen zu polyzentrischen, multifunktionalen Lebensmittelpunkten umgestaltet werden. Nähe, funktionale und soziale Durchmischung, Kompaktheit und Ubiquität sind die tragenden Säulen, die uns mehr Freiraum und Zeitsouveränität verschaffen.

Wie aber definiert sich »Zeit«? In der griechischen Mythologie ist Chronos der Herrscher über die ablaufende Zeit und das Schicksal der Menschen. Er ist eng umschlungen von Ananke, der Göttin der Notwendigkeit, und zeugt mit ihr mehrere Kinder, eins davon Chaos, der das Unbeherrschbare, Unordnung und Verzweiflung repräsentiert. Die linear verlaufende Zeit, gepaart mit Notwendigkeit und Chaos ist ein Zeitkonzept im antiken Griechenland, das jedoch neben anderen Zeitvorstellungen existierte. Kairos als Repräsentant des günstigen Augenblicks und des intensiv erlebten Moments, und Äon, der für Lebenskraft, erfüllte Lebenszeit, unbegrenzte Zeit, ja Ewigkeit steht. Es geht bei der 15-Minuten-Stadt also auch darum, Kairos und Äon aus dem Schatten von Chronos und Chaos treten zu lassen. Das setzt einen neuen Blick auf die Stadt voraus bei der Suche nach Wegen, wie diese beiden anderen zeitlichen Dimensionen Teil des Großstadtlebens werden können. Das ist meines Erachtens die zentrale Herausforderung für die Stadtplanung der nächsten Dekade. Denn entweder verharren wir im Status quo, der auf größtmögliche Effizienz in der Produktion und räumliche Segregation ausgerichtet ist und somit wertvolle Lebenszeit raubt, während der Sand im Stundenglas unaufhaltsam verrinnt. Oder wir arbeiten an einem neuen städtebaulichen Leitbild, das Kairos und Äon, der Gunst der Stunde, der Lebenskraft und Menschlichkeit und der Muße zum Träumen zu ihrem Recht verhilft.

Italo Calvino führt uns auf eine Spur, wenn er in *Die unsichtbaren Städten* schreibt: »Städte wie Träume sind aus Wünschen und Ängsten geformt, auch wenn der Faden ihres Diskurses geheim ist, ihre Regeln absurd, ihre Perspektiven täuschend sind und jedes Ding etwas anderes verbirgt.«[133] Der Rhythmus der Stadt wandelt sich mit den Jahreszeiten, je nach Wochentag und Tageszeit stehen Gebäude leer. Während der Sommerferien und anderen Reisezeiten verwaisen Orte und Plätze, anstatt sie zwischenzeitlich einer Umnutzung und alternativen Verwendungen zuzuführen. Der alternierende, kollektiv gelebte Rhythmus der Stadt ist jedoch ein Hinweis auf ihre Wandelbarkeit und Flexibilität[134] und zeigt, dass sie durchaus anpassbar ist an einen anderen Chrono-Urbanismus. Der Begriff verweist vor allem auf die Synchronisierung von Ort, Zeit(aufwand) und Fortbewegung und hat Nebeneffekte, welche die Stadt auch in anderer Hinsicht zum Positiven wandeln: Das Stadtleben wird attraktiver und das Wohlbefinden im urbanen Raum steigt, weil die Stadt der Nähe weniger bedrohlich wirkt und Angstvorstellungen mindert.

Zwei weitere Konzepte spielen beim Wandel im Kleinen ebenfalls eine wichtige Rolle: Chronotopie und Topophilie. Ersteres bezieht sich auf die »Erzählung der Stadt« und meint die Diskurse und Praktiken, die die urbane Lebenswelt strukturieren, die Regeln des Zusammenlebens im urbanen Raum, der sich durch die Konvergenz von Raum und Zeit als überschaubarer, schnell erreichbarer, allen zugänglicher Raum darstellt. Ausgehend von einem Quartierskonzept der kurzen Wege und funktionalen Kompaktheit impliziert Chronotopie die Suche nach neuen, erweiterten Nutzungsmöglichkeiten von bestehenden Räumen, Plätzen und Gebäuden. In wechselndem Rhythmus könnte ein und derselbe Ort nämlich unterschiedlichen Aktivitäten dienen. Eine Diversifizierung der Gebäudenutzung hat Vorteile für alle:

- Zusätzliche Nachbarschaftsräume und Treffpunkte für eine gemeinsame Nutzung, zur kreativen Entfaltung oder als Anlaufstelle für bürgerschaftliches Engagement entstehen und fördern die lokale Vernetzung.
- Eigentümer der Räume/Gebäude können die Auslastung und Bewirtschaftung von vorhandenen Räumen und Ausstattung optimieren.

Chronotopie verweist, ähnlich wie Chrono-Urbanismus, auf eine Diversifizierung nach Zeiten. Je nach Tageszeit können Orte und Plätze unterschiedlich genutzt werden (etwa Parkplätze und Klassenräume). Je nach Wochentag erfüllen sie eine andere Funktion – der Schulhof wird am Samstag zum Marktplatz. Auch jahreszeitlich bedingte Umwidmungen sind vorstellbar, zum Beispiel von nicht genutzten Universitätsgebäuden während der Semesterferien oder von Uferanlagen im Winter.

Der dritte Begriff, Topophilie, steht für eine subjektive Form von Verbundenheit mit einem Ort, seiner Geschichte und zukünftigen Entwicklung. Nur wer ein historisches Bewusstsein für den Ort, an dem er lebt, entwickelt, wird bereit sein, sich auch in Zukunft für ihn einzusetzen. Wertschätzung für die

Räume und Dinge, die uns umgeben, ein Gefühl von Zugehörigkeit sind das Fundament der neuen Urbanität. Es ist der rote Faden, der zu mehr Gemeinsinn und Mehrwert für die Allgemeinheit führt. Wörtlich heißt Topophilie etwa »Liebe zum Ort« und verweist so auf ein enges, affektives Verhältnis zwischen Mensch, städtischem Raum und gebauter oder natürlicher Umwelt. Eine solche Verbindung herzustellen und zu erhalten, ist ein ambitioniertes Ziel, dessen Erreichbarkeit von unterschiedlichen Faktoren abhängt. Neben guter Nahversorgung, Einsparung von Wegen und multifunktionalen Nutzungsmöglichkeiten sind mindestens vier weitere Bedingungen ausschlaggebend:

- Anwohner und Nutzer müssen in allen Phasen der Planung und Re-Strukturierung eingebunden und an Entscheidungsprozessen beteiligt werden.
- Plätze und Orte müssen in gewisser Weise »inszeniert« werden, das heißt, ihre Vorzüge, ihr Wert, ihre Ästhetik müssen künstlerisch, farbig typografisch oder durch periodische Veranstaltungen hervorgehoben werden.
- Naturnahe Erholungsgebiete und grüne Zonen müssen in erreichbarer Nähe zugänglich sein.
- Lokale Initiativen und Netzwerke, die niedrigschwelliges Engagement und Beteiligung ermöglichen, müssen aufgebaut und ausgebaut werden, um die Vitalität des urbanen Raums zu gewährleisten.

Chrono-Urbanismus, Chronotopie und Topophilie sind die Grundpfeiler der Viertelstunden-Stadt, die den Weg aus dem Teufelskreis der modernistischen Urbanität weisen, indem Zeit, Lebensraum, Lebensqualität und soziales Miteinander eine enge Verbindung eingehen. Der Wandel wird sich nicht von heute auf morgen vollziehen, sondern muss als ehrgeiziges Langzeitprojekt angelegt sein. Die 15-Minuten-Stadt ist dabei eine Art Roadmap und Wegbeschreibung dafür, Menschen und menschliches Maß zurück auf die Straßen unserer Städte zu bringen, sie zu revitalisieren und ihren ganz eigenen Herzschlag und Puls auch in den Zentren wieder spürbar zu machen.

Im Grunde geht es darum, das städtische Angebot an die Nachfrage der Bewohner anzupassen. Eine dem Standort angemessene funktionale und soziale Mischung, ausreichend Begegnungszonen und Handelsflächen, kulturelle Einrichtungen und medizinische Versorgung im nahen Umkreis sind die Kernanforderungen, die durch technische Entwicklungen, Internet und nachbarschaftliche Kollaborationen erweitert und optimiert werden. Engmaschig Hyper-Proximität zu erzeugen, ist ein Zukunftsprojekt, um auch der nächsten Generation ein gutes Zusammenleben in der Großstadt zu ermöglichen. Dazu müssen wir Gemeinschaft und Gemeinsinn im urbanen Kontext neu erfinden.

Mehr denn je werden solche alternativen sozialen und ökonomischen Modelle bei der Stadtplanung heute umgesetzt und Hyper-Proximität ins Zentrum gerückt. Die Stadt der Nähe erlaubt selbstbestimmte Entscheidungen über das Fortbewegungsmittel und weist dem Auto eine untergeordnete Rolle zu. Sie bietet neue Möglichkeiten, den eigenen Stadtteil zu bewohnen und sich anzueignen. Sie fördert das soziale Miteinander und macht die Stadt wieder zu dem, was sie einst war: ein ganzes Universum. Multifunktionalität und Mehrfachnutzung, intelligente Nutzung neuer Technologien im Dienste der Bürger, Einsparung von Wegen, Neuverteilung des Straßenraums zur Vermeidung unnötiger Fahrten mit motorisierten Fahrzeugen sind das Ziel. Kurze Wege und Wertschätzung des Lokalen gehen dabei Hand in Hand mit Quartierskonzepten, die Diskriminierung, Ghettoisierung und Ausgrenzung entgegenwirken und soziale Mischung, Teilen und gemeinsame Nutzungsmöglichkeiten, solidarisches Verhalten und nachbarschaftliche Unterstützung, insbesondere auch für ältere Menschen und schwächer Gestellte, priorisieren.

Die Viertelstunden-Stadt bedeutet: ein Ort, viele Nutzungsmöglichkeiten und noch mehr neue Arten der Nutzung. Als polyzentrisches Gefüge folgt sie Blaise Pascals Idee einer unendlichen Kugel, deren Mittelpunkt überall und deren Peripherie nirgendwo ist. Polymorphe Infrastrukturen zur Verkehrsberuhigung verwandeln Straßen in begrünte Zonen für Rad- und Fußgängerverkehr, Einkäufe und Behördenbesuche werden »gleich um die Ecke« erledigt, Schulgebäude werden zu abendlichen Veranstaltungsorten, Diskotheken während des Tages zu Sportstudios, Gesundheitszentren sind fußläufig erreichbar, in der Turnhalle findet nachmittags Nachhilfeunterricht statt, oder sie wird zur Reparaturwerkstatt, um defekte Gegenstände wieder fit zu machen. Eine Fülle von lokalen Treffpunkten, Nachbarschaftsvereinen, Bürgerbüros und anderen Anlaufstellen für bürgerschaftliches Engagement stellt das urbane Leben auf eine solidarische, partizipative Grundlage. Das ist meine Vision.

Blechlawinen und Betonburgen haben unsere Städte in den vergangenen Jahrzehnten zu unmenschlichen, lebensfremden Orten gemacht. Es ist höchste Zeit, sie in anderer Gestalt zu reimaginieren, als organisches Gewebe, eine in Grün getauchte, von Grün durchzogene soziale Landschaft, als lebendiges, atmendes Geflecht, das den menschlichen Bedürfnissen entspricht. Begrünung ist ein zentrales Element – grüne Dächer und Straßen, bepflanzte Mauern, aber auch grüne Innenräume schaffen eine gute Grundlage für ein friedliches Zusammenleben in der Großstadt.

Zwei Effekte der Stadt der Nähe sind noch hervorzuheben: Zum einen wird durch soziale Mischung des Quartiers der Zusammenhalt und bestenfalls die Bereitschaft, sich zu engagieren, gestärkt. Zum anderen wird benachteiligten Familien der Zugang zu einer breiten Palette von Dienstleistungen erleichtert, weil das Angebot ohne großen Aufwand »um die Ecke« erreichbar ist. Die 15-Minuten-Stadt ist somit eine Kombination der vier Schlüsselelemente

- organische Verwebung, die auf nachhaltiges Verkehrsverhalten und Fortbewegungsmittel setzt und öffentliche Räume revitalisiert;
- kleiner Radius und Multifunktionalität, die eine gemeinsame Nutzung von Objekten und Plätzen, Mischnutzungskonzepte, Gemeinsinn, Kreativität, die Wertschätzung des kulturellen, materiellen wie immateriellen Erbes vor Ort, aber auch naturnahe Grünflächen, blaue Bänder und eine Reduzierung von Lichtverschmutzung priorisieren;
- soziale Durchmischung, um Kopräsenz und Begegnungsmöglichkeiten im öffentlichen Raum zu erhalten, um die Diversifizierung des Einzelhandelsangebots und von Serviceeinrichtungen zu fördern, um soziale Inklusion und Barrierefreiheit, aber auch den Aufbau von lokalen Netzwerken, Nachbarschaftshilfevereinen, Mediationsstellen usw. voranzubringen, damit ein kultur- und generationsübergreifendes Zusammenleben gelingen kann. Dazu zählt auch die besondere Förderung von Kontakten zwischen Kindern und Senioren oder Pedibus-Angebote und begleitete Wege. Soziale Mischung ist auch auf kultureller Ebene wichtig zur Förderung lokaler Kunstprojekte, von künstlerischen Darbietungen in privaten Räumen oder der Durchführung gemeinsamer Events und Aktionstage.
- Ubiquität: digitale Angebote und Tele-Dienstleistungen verstärken den Näheeffekt dahingehend, dass sie von überall aus zugänglich sind und Angebotsknappheit vor Ort ausgleichen können, im kulturellen, medizinischen, sozialen Bereich und bei der Bildung.

Wie wird nun eine Stadt zur »Viertelstunden«-Stadt? Ausgangspunkt ist ein Nachdenken über die Nutzung und die Nutzungsmöglichkeiten des lokalen Bereichs. Wozu sollen die Quadratmeter um uns herum dienen? Wer soll sie nutzen und auf welche Weise? Im nächsten Schritt erfolgt die Bestandsaufnahme vorhandener Ressourcen und ihrer Verwendung. Auch die Frage, welche Dienstleistungen und Einrichtungen bereits vorhanden sind, ist wichtig: Gibt es ausreichend medizinische Versorgung und Arztpraxen? Wie steht es um Einzelhandel, Handwerksbetriebe, Ladengeschäfte, Büchereien, Wochenmärkte, Sportplätze, Kinos, Theater und andere kulturelle Einrichtungen, wie steht es um Gärten, Parks und die Möglichkeiten, das Quartier als Fußgänger zu erkunden? Und zentral sind die Punkte: Wie werden Straßen, Gehwege und Plätze genutzt? Gibt es Grünflächen, Stadtgärten, Brunnen, genügend Möglichkeiten, die der Erholung und Erfrischung dienen? Wie ist die Arbeit organisiert, arbeiten die Menschen von zu Hause aus, oder müssen sie weite Fahrten zum Arbeitsort in Kauf nehmen?

In einem Forschungsprojekt habe ich versucht, das Konzept der 15-Minuten-Stadt auch auf weniger dicht besiedelte Gebiete anzuwenden.[135] Dabei erschien es sinnvoll, einen »Gebietsradius der halben Stunde« als räumliches Gerüst zugrunde zu legen. Die gewalttätigen Auseinandersetzungen im Zusammenhang der Gelbwestenbewegung in Frankreich waren zu einem nicht geringen Teil der Unzufriedenheit über bestehende und zukünftige Mobilitätsverhältnisse geschuldet. Es ist daher unumgänglich, die hier skizzierte städtebauliche Vision der neuen Nähe an die Topografie der Lebensräume und Beschäftigungsstrukturen der Einwohner anzupassen. Es ist unbestritten, dass in ländlichen Gebieten das Auto auch langfristig das wichtigste Fortbewegungsmittel bleibt. Das schließt jedoch nicht aus, über alternative Nutzungen wie Carsharing oder die Vermeidung von Fahrten mit nur einem Insassen auch im ländlichen Raum nachzudenken. Webseiten mit Angeboten für Mitfahrgelegenheiten, Ruf-Taxis und Abrufdienste, Mobilitätspartnerschaften sowie Subventionierung und Förderung von CO_2-armen Fortbewegungsmitteln sind auch hier denkbar. Geolokalisierung kann dazu beitragen, dass auf digitalem Weg und freiwilliger Basis Fahrgemeinschaften für regelmäßige Strecken entstehen, wobei stets der nächstwohnende Mitfahrwillige zuerst angefahren wird bis das Fahrzeug voll besetzt ist. Bündelung von Ressourcen lautet das Stichwort.

Während der Corona-Pandemie wurde deutlich, dass es auf breiter Ebene durchaus möglich ist, neue Wege zu beschreiten; die Krise hat ein Umdenken befeuert. Als die gewohnten Abläufe und der Takt der Großstadt zum Stillstand kamen, waren wir gezwungen, uns auf den unmittelbaren Nahbereich zurückzubesinnen. Und siehe da, die Straße wurde plötzlich wieder zu einem Ort, an denen wir unseren Nachbarn begegneten; und wir merkten, dass Arbeiten häufig auch von Zuhause aus möglich ist. Wir lernten, dass wir lange Wege und unnötige Fahrten vermeiden können, indem wir digitale Techniken und Internetangebote nutzen. Und auf einmal hatten wir Zeit, viel mehr denn je. Lebensqualität bemisst sich unter anderem an der Frage, über wie viel Zeit wir verfügen können; das gilt auch nach der Pandemie. Die Krise hat gezeigt, dass das Stadtleben auch dann weitergeht, wenn alles stillsteht. Die polyzentrische, engmaschig und dezentral organisierte Viertelstunden-Stadt trägt diese Idee der allen Widerständen trotzenden urbanen Vitalität in die Zukunft.

7

Die großen Veränderungen

Metropolisierung, Globalisierung und ländliche Region

Angesichts der klimapolitischen Sackgasse, in der wir uns befinden, skizziert Edgar Morin zwei mögliche Folgen der Bedrohung: Auslöschung als das Wahrscheinlichste; doch Wandel und Metamorphose wäre auch eine Möglichkeit.[136] Wie könnte sich diese Verwandlung vollziehen? Der Wandel ist meist längst im Gange, wenn ein System vor der Implosion steht und ein Neuanfang nötig ist. Der Wandel kommt nämlich in kleinen Schritten, »fast unmerklich, kaum wahrgenommen, von den Rändern her, an verstreuten Orten«, so Morin, der deshalb empfiehlt, in alle Richtungen Ausschau zu halten danach, »was sich auf den fünf Kontinenten an kreativen Lösungen zusammengebraut hat« durch lokale Initiativen, die den sozialen, sozialwirtschaftlichen, bildungspolitischen, kognitiven, ethischen Wandel vorantreiben, den es für eine nachhaltige Lebensweise braucht. Diese lokalen Initiativen sind, so Morin weiter, »kaum untereinander vernetzt oder amtlich verzeichnet, und sie gehören keiner Partei an. Doch sie repräsentieren unsere Zukunft. Wir müssen sie aufspüren, bündeln, bekannt machen und als Möglichkeiten der Metamorphose katalogisieren.« Morin identifiziert fünf Spielarten des Prinzips Hoffnung für eine bessere Welt:

- Erwarte stets das Unmögliche
- Verlasse dich auf den erfinderischen Geist des Menschen
- Erkenne das Potenzial in der Krise
- Vertraue auf ein Höchstmaß an Kreativität in größter Gefahr
- Glaube an das menschliche Streben nach Harmonie.

Als ich mich im Dezember 1993 anlässlich einer Konferenz in Kolumbien aufhielt, wurde das Oberhaupt des Medellín-Kartells, der Drogenboss Pablo Escobar, während der Flucht vor den Behörden auf dem Dach eines Hauses erschossen. Es war das Ende der brutalen Gewaltherrschaft, mit der er sein korruptes Drogenimperium seit 1970 regiert und Medellín tyrannisiert hatte. Dennoch hätte ich mir damals nicht träumen lassen, dass ich in genau dieser Stadt zwanzig Jahre später auf einer anderen internationalen Konferenz die Wiedergeburt von Medellín als eine der führenden »Cities for Life« feiern würde, bei der sich die Welt von der Widerstands- und Wandlungsfähigkeit der Stadt überzeugen und die unwahrscheinliche Metamorphose von einer Hochburg des Verbrechens hin zu einem Paradebeispiel für urbane Innovation und Lebensqualität bestaunen konnte.

Angesichts der Hölle, die das Leben in Medellín einst war, möchte man Edgar Morin beipflichten: Ja, Metamorphose ist machbar. »Ohne Fantasie und Illusion ist das Leben undenkbar«, schrieb Eugène Sue 1842 in seinem populären Fortsetzungsroman *Die Geheimnisse von Paris*, der von den sozialen Spannungen im vorrevolutionären Paris des 19. Jahrhunderts erzählt und viele Nachahmer fand für ähnliche Geschichten aus Marseille, London, Lissabon, Neapel, Berlin, München und Brüssel. Eine im Lokalen verankerte Literaturgattung eroberte die Massen, die sich so mit »ihrer« Stadt und deren »Geheimnissen« identifizierten. Das Gefühl der Verbundenheit mit einem Ort ist eine machtvolle Ressource für den Wandel und setzt Transformationspotenziale frei, auch in Zeiten der Krisen und Katastrophen. »Es reicht nicht mehr, nur Missstände zu beklagen. Wir müssen klare Forderungen aufstellen«, schreibt Edgar Morin. Und weiter: »Wenn sich ein Bewusstsein für ein ›Heimatland Erde‹ einstellen soll, muss die Nahversorgung, müssen Handwerksbetriebe, Einzelhandel und Kleingewerbe im lokalen Bereich, stadtnaher Obst- und Gemüseanbau massiv gefördert und das Gemeinwesen lokal und regional gestärkt werden, und dies weltumspannend.«[137]

Die Botschaft lautet: den eigenen Boden bestellen, das heimische Fleckchen Erde mit Engagement und Willensstärke fruchtbar machen. Morins *Heimatland Erde* ist eine Quelle der Inspiration, die mein Selbstverständnis als »Weltbürger« und Stadtplaner im Einsatz für Orte in aller Welt maßgeblich geprägt hat. Dazu gehört selbstverständlich auch meine Wahlheimat Paris, deren Regierung ich bei ihrem Engagement für mehr Nachhaltigkeit und Lebensqualität in der Großstadt beratend unterstütze. Morins Einlassungen sind leitend für das von mir entwickelte Quartierskonzept der 15-Minuten-Stadt, erweitert im ländlichen Raum zur 30-Minuten-Region. Für mich ist *Heimatland Erde* eine Hommage an alle, die sich in den letzten Jahrzehnten für mehr (Bürger)Nähe und Nachhaltigkeit in den Städten eingesetzt haben, insbesondere auch Bürgermeisterinnen und Bürgermeister, die die Metamorphose ihrer Stadt – unserem heimischen Fleck Erde – wagen.

Die Vertragsparteienkonferenzen COP, allen voran die COP21, das Pariser Klimaabkommen,[138] das parallel dazu abgehaltene »Gipfeltreffen der Bürgermeister für das Klima«, die 17 Sustainable Development Ziele[139] der Vereinten Nationen, die HABITAT III[140] mit der Neuen Urbanen Agenda und die regelmäßig stattfindenden UCLG-Konferenzen, die Mitgliederversammlung der *C40*, die Vereinigung Metropolis[141], aber auch Verbände wie der Internationale Zusammenschluss frankophoner Bürgermeister*innen,[142] Energy Cities in der EU[143] und die Gemeinschaft der EuroCities[144] – sie alle sind Beispiele für das Auftreten neuer Akteure im Einsatz für urbane Nachhaltigkeit und ein Beleg dafür, dass sich immer mehr kommunale Entscheidungsträger zu machtvollen Koalitionen für eine andere Klimapolitik, für mehr Klimaschutz in aller Welt zusammenschließen.

In Frankreich vollzog sich mit der Gründung der Gebietsallianz France urbaine[145] 2017 ein großer Schritt hin zu kollektivem Handeln und Planen. Der Zusammenschluss vereint politisch Verantwortliche aller Couleurs aus 97 Großstädten, Metropolregionen und urbanen Agglomerationen und damit fast dreißig Millionen Bürgerinnen und Bürger, d. h.: die Hälfte des nationalen BIP in Frankreich. Die Allianz machte sich während der Präsidentschaftswahlen 2017 für eine »Republik der Regionen« stark und verfolgt eine neue Logik der Organisation zwischen Stadt und Region, die auf ein ausgewogeneres Verhältnis zwischen beiden setzt. Das sind recht neue Entwicklungen in Frankreich. So treten führende Kommunalpolitiker im »Manifest« von Arras für mehr »Verantwortung, Dialog und Autonomie« bei Stadterneuerungsprojekten ein – mit einem Fokus auf Nachhaltigkeit, soziale Integration und Klimaschutz.[146] Die Schlüsselrolle, die diese Allianz mittlerweile einnimmt, weist auch den Bürgermeistern eine höhere Verantwortung zu, damit das urbane Ökosystem Stadt fit für die Zukunft wird.

Globalisierung und ihre Folgen sind ein Dauerthema, und nicht nur in Frankreich denkt man dabei an »Wegfall aller Grenzen und Handelsbeschränkungen, Freizügigkeit, unfairen

Wettbewerb und Masseneinwanderung«. Die Rechtsaußenpolitikerin Marine Le Pen gründet ihr ganzes Wahlprogramm darauf. In dieser Perspektive wird alles Fremde und Andere als »ausländisch« abgelehnt. Parolen wie »Frankreich den Franzosen«, analog »Deutschland den Deutschen« oder »Ein Europa der Vaterländer« werden ausgerufen. Als massive Bedrohung wird der Zuzug von Migranten wahrgenommen und so zum Vorwand für die Forderung nach strengen Kontrollen der nationalen Grenzen. Doch die Gefahr, mit Einwanderungswilligen »überschwemmt« zu werden, wird manipulativ eingesetzt, um Ängste zu schüren. Es ist alles andere als eine bewiesene Tatsache, wie Statistiken immer wieder zeigen. Trotzdem ist die Idee eines wehrhaften Nationalstaats, der seine Grenzen verteidigen und sich gegen Eindringlinge stemmen muss, sehr verbreitet. Die Botschaft lautet: Hütet euch vor Menschen, die aus der Fremde kommen! Und: Der Feind ist schon unter uns und muss, nach der Logik der Identitären, hinausgejagt werden. Adieu also republikanische Werte, adieu Freiheit, Gleichheit, Brüderlichkeit, Demokratie, Vielfalt, kulturelle Mischung und Integration! Der Begriff »Republik« verkommt zu einer bloßen Worthülse und dient hier als Deckmantel für eine Politik der Fremdenfeindlichkeit und Ausgrenzung.

Doch die Wirklichkeit des 21. Jahrhunderts ist eine andere. Und die Entstehungsgeschichte der europäischen Städte zeigt, dass es Globalisierung und Freizügigkeit sowie Migrationsbewegungen von Menschen aus der Fremde schon mindestens seit dem frühen Mittelalter gab. Vor allem in Südeuropa waren die Städte an den Mittelmeerhäfen lebhafte Zentren des Tauschs und der Vermarktung für Erzeugnisse aus aller Welt. Ohne die damals schon weltweiten Verflechtungen wäre es nicht zu erklären, warum bereits um 900 n. Chr. in Frankfurt am Main Gewürze aus Süd- und Südostasien zum Kauf angeboten werden konnten oder, wie das Gold, aus dem Venedig im 15. Jahrhundert Dukaten prägte, an die Adriaküste gelangte.[147] Seit dem 8. Jahrhundert sind Städte nachweislich wichtige Produktionsstandorte für Manufakturen gewesen, die ihre Ware in die ganze damalige Welt exportierten. »Globalisierung« ist also kein neues Phänomen und auch nicht pauschal abzulehnen, auch wenn heute deutlich wird, dass die moderne Globalisierung und die Entstehung der *globalen Millionenstädte* in den letzten fünfzig Jahren unser bisheriges Koordinatensystem maßgeblich verändert haben. Die komplexe Stadt-Land-Problematik in Europa ist allerdings nicht die Folge einer bedrohlichen »Flut« von Migranten, sondern den engen Verflechtungen der globalen Städte geschuldet, die in ihrer jeweiligen Region zu einer Art Hegemonialmacht aufstiegen,[148] und eine spannungsreiche Dynamik zwischen diesen Räumen in Gang setzte, die stärkere Auswirkungen als nationalstaatliche Entscheidungen und Gesetze haben. Auch deshalb scheint es an der Zeit, sich in Frankreich von der Idee einer zentralistisch regierten Republik zu verabschieden und stattdessen auf eine neue »Republik der Metropolen« zu setzen. Einhergehend mit einer weitreichenden Allianz der Regionen, wie etwa France urbaine, könnten so Segregationsprozesse und die fortschreitende Entfremdung zwischen ruralen und urbanen Räumen aufgehalten werden.

Wie aber kam es zu dem – in Frankreich spätestens nach dem Aufstand der Gelbwestenaktivisten nicht mehr zu verleugnenden – hochbelasteten Verhältnis zwischen Stadt und Land? Und wie gelänge eine Erneuerung dieses angeschlagenen Verhältnisses unter dem doppelten Druck von voranschreitender Industrialisierung der Landwirtschaft und einer ländlichen Bevölkerung, die bereits teil-urbanisiert ist? Gibt es eine Zukunft für den ländlichen Raum, bei der, in Zeiten von Wasser- und Luftverschmutzung, massivem Pestizideinsatz und maschinell-landwirtschaftlicher Produktionsweise, die für über 16 % der Treibhausgasemissionen verantwortlich ist, dennoch eine Stärkung der Lebensqualität, Gesundheitsversorgung, sauberes Wasser, Umwelt-, Landschafts- und Artenschutz im Mittelpunkt steht?

Eines der wichtigsten Probleme, die fortschreitende Abwanderung aus dem ländlichen Raum und die sinkende Zahl der landwirtschaftlichen Einzelbetriebe, muss dabei als erstes angegangen werden, um die zunehmende Konzentration von Agrargroßkonzernen zu stoppen. Aber auch *land grabbing* – der großangelegte Aufkauf von Agrarflächen durch Investoren mit dem Ziel, deren Ertrag ins Ausland zu exportieren, ist ein noch ungelöstes Problem.* Produktionsketten und Konsumgewohnheiten müssen auf Ressourcen schonende Weise umgestellt, Umwelt, Böden und Gewässer stärker geschützt werden. Auf politischer Ebenen bedarf es neuer Raumordnungskonzepte und einer anderen Landschaftsplanung, die dazu beitragen, das Leben im ländlichen Raum und die darauf einwirkenden urbanen Dynamiken wieder stärker in Einklang zu bringen.

Auch ein Blick in die Geschichte vermag das aktuelle Verhältnis zwischen Stadt und Land, zwischen Millionenmetropole und ihrer Region verständlich zu machen. Die »Hassliebe« zwischen einem oft bukolisch imaginierten Land und der großen Stadt ist nämlich nur vor dem Hintergrund raumplanerischer Entscheidungen in der Vergangenheit erklärbar, die tiefe Spuren hinterlassen haben.

Lange Zeit diente das Kürzel PLM in Frankreich als Chiffre für die Vormachtstellung der urbanen Zentren Paris, Lyon und Marseille. Der Aufschwung entlang der 863 Kilometer umfassenden, nach Napoleon III. benannten »Kaiserlinie« verdankte sich dem Bau der Eisenbahnstrecke zwischen diesen Städten, die Paris über Burgund, die Departements Franche-Comté, Auvergne und Rhône-Alpes ans Mittelmeer

---

* So kaufen in Frankreich beispielsweise chinesische Milliardäre in großem Stil Weinberge und Ackerböden auf – im ländlich geprägten Departement Berry beläuft sich diese Fläche bereits auf 1.700 Hektar.

und die Côte d'Azur anbanden. Historisch hat vor allem die Zentralisierung und Konzentration auf Paris als Hauptstadt das Ungleichverhältnis von ländlichem und urbanem Raum maßgeblich geprägt. Auch der »Legrand-Stern« (étoile de Legrand), der vom Generaldirektor des Pariser Brücken- und Straßenwesens 1842 entwickelt und nach ihm benannt wurde, hatte enorme Auswirkungen. Als Vorbild für den Ausbau des nationalen Eisenbahnnetzes mit Paris im Zentrum war der »Stern« per Gesetz vom 11. Juni desselben Jahres zur verbindlichen Grundlage für alle zukünftigen Planungen geworden, um die Anbindung der Hauptstadt an sämtliche Regionen des Landes zu sichern. Das hat die Bewegungs- und Mobilitätsströme im Land strukturiert und Paris, regional aber auch Lyon und Marseille, zu Brückenköpfen des wirtschaftlichen Aufschwungs gemacht. Die Idee, Paris zum zentralistischen Dreh- und Angelpunkt zu machen, wurde unter der Herrschaft der Jakobiner vorangetrieben, aber auch durch eine Art Fortschrittswettbewerb zwischen England, Deutschland, Belgien und nicht zuletzt den Vereinigten Staaten beschleunigt, in dem Frankreich in Sachen Ausbau des Eisenbahnnetzes großen Aufholbedarf hatte.

Ein vielleicht nicht nur französisches Paradoxon ist zudem die Tatsache, dass der ländliche Raum allem technischen Fortschritt zum Trotz einem nostalgischen Geschichtsbild verhaftet bleibt. Bilder aus einer anderen Zeit, von Dörfern mit pittoresken Kirchtürmchen inmitten idyllischer Landschaften haben sich tief ins kulturelle Gedächtnis eingeprägt. Doch diese territoriale Organisationsform ist ein Erbe des Ancien Régime, bestehend aus einem Netz von etwa 60.000 Pfarrgemeinden. Als kleinste Verwaltungseinheit waren diese unter anderem zuständig für die Eintreibung von Steuern. Dank der Pfarreien herrschten die französischen Könige über ein »Reich der hunderttausend Kirchtürme« und verfügten über einen unmittelbaren Zugriff auf die ländlichen Regionen, der die Machtbefugnisse der regionalen Gebietsherrscher und des Landadels weit überstieg.

Unter Mirabeau wurden während der Französischen Revolution die »Gemeinden« in ihrer heutigen Form aus der Taufe gehoben, nach der Gleichung »eine Pfarrei, eine Gemeinde«. Zeitgleich erfolgte eine neue Einteilung des ländlichen Raums in Kantone, Bezirke und Departements. Durch die Zusammenlegung bestimmter Pfarreien schrumpfte die Zahl der Gemeinden 1792 auf knapp 41.000, was in etwa dem heutigen Stand entspricht. Der Umriss fast 90 % aller französischer Kommunen stammt noch immer aus der Zeit der Französischen Revolution, daran änderten auch Reformversuche unter Napoleon III. wenig. Die einzige Gemeinde, die sich extrem veränderte und erweiterte, war Paris, das auf das Doppelte seiner Fläche anwuchs und in zwanzig Arrondissements eingeteilt wurde. Als dann der berühmte Baron Haussmann die Bühne betrat, erfuhr die Hauptstadt eine grundlegende bauliche Umstrukturierung, und die bereits erwähnte Kaiserlinie PLM nahm Fahrt auf.

Eine weitere folgenreiche Veränderung wurde per Gesetz 1884 eingeführt: Fortan sollte ein direkt gewählter Gemeinderat im Rathaus sitzen und den Bürgermeister stellen. Auf diese Weise wurden alle Gemeinden im Land identisch institutionalisiert und regiert, unabhängig von ihrer Größe. Das einte das Nationalgefühl gemäß dem Prinzip *Freiheit, Gleichheit, Brüderlichkeit* und machte die Kommunen zur tragenden Säule der Republik. Andererseits führte genau dies zu einem massiven Missverhältnis zwischen Land und Stadt im Hinblick auf die Anzahl ihrer Vertreter. Von insgesamt etwa 550.000 gewählten Repräsentanten in französischen Kommunalparlamenten vertritt bis heute eine unverhältnismäßig große Zahl davon die ruralen, oft nur dünn besiedelten Regionen. Statistisch ausgedrückt lebten im Jahr 2014 genau 14.534.637 Menschen (22,7 %) in 28.588 ländlichen Gemeinden (80 % aller Kommunen), darunter 3.000 Kleinststädte zwischen 3.000 und 20.000 Einwohnern und 400 mittlere Städte mit einer Bevölkerung bis zu 100.000. Dem stehen nur vierzig Großstädte (und Kommunalparlamente) mit mehr als 100.000 Einwohnern gegenüber.[149] Mit insgesamt 34.970 Kommunalvertretungen liegt Frankreich ohnehin weit vor dem wiedervereinigten Deutschland, das im Jahr 2020 bei über 30 % mehr Einwohnern insgesamt nur 10.975 Kommunen zählte,[150] oder Italien mit fast bescheidenen 7.904 Gemeinden[151] bei annähernd gleichen Bevölkerungszahlen wie Frankreich.

Ein weiterer sozioökonomischer Faktor ist wichtig, um die angespannte Beziehung zwischen Stadt und Land in Frankreich zu verstehen. Mit der industriellen Revolution, nach zwei Weltkriegen, dem Ölboom, dem massiven Ausbau der großen Verkehrsachsen und Autobahnen seit den 1970er Jahren und mit dem Wachstum der Finanz- und Dienstleistungswirtschaft seit Ende des 20. Jahrhunderts haben die großen Metropolen an Attraktivität zugelegt, die stets auf Kosten des Lebens auf dem Lande ging. Die großen Städte verdichteten sich zu urbanen Regionen, die noch mehr Menschen anzogen. Im heutigen Frankreich leben rund 80 % der Bevölkerung auf einer Fläche von nur 20 %.

Und wie ist es heute um den ländlichen Raum, um rurale Kommunen und deren Bevölkerung bestellt? Zunächst ist es wichtig zu klären, was damit gemeint ist. Denn weder die Anzahl der bäuerlichen Betriebe noch deren Produktionskapazität kann heute noch als verlässlicher Maßstab gelten, um den ländlichen Raum zu definieren. Nur 6 % der Gesamtbevölkerung mit einem erwirtschafteten BIP von 5,9 % (1980: 8 %) fielen im Jahr 2019 noch unter diese Kategorien. Landwirtschaftliche Nutzflächen gingen in den letzten fünfzig Jahren um 20 % zurück und machen aktuell etwa 53 % der Landfläche Frankreichs aus.[152] Dieser Verlust ist dauerhaft und vollzog sich ebenfalls zugunsten von mehr Verstädterung, mehr

Wohnungsbau und mehr Infrastruktur. Eine Erhebung des französischen Landwirtschaftsministeriums belegt, dass zwischen 2006 und 2010 jedes Jahr 78.000 Hektar Land urbanisiert wurden.[153] Zusammengerechnet entsprechen die Flächen der durchschnittlichen landwirtschaftlichen Nutzfläche eines französischen Departments. Drei Viertel der landwirtschaftlichen Betriebe haben in dieser Zeit aufgegeben, während sich die durchschnittliche Größe verbleibender landwirtschaftlicher Betriebe um das Vierfache erweiterte. Natürlich ist das keine französische Besonderheit, aber die Zahlen sind besorgniserregend, zumal bereits 2013 nur noch 2 % der arbeitenden Bevölkerung im Bereich Landwirtschaft tätig war[154] und die Zahl der Leiterinnen und Leiter eines landwirtschaftlichen Betriebs weiterhin jährlich um etwa 2 % zurückgeht.[155]

Bei der Entwicklung alternativer Produktivitätsmodelle und nachhaltiger Formen der Distribution und Konsumption wird das Landleben jedoch zukünftig eine wichtige Rolle einnehmen. Stadt und Land dürfen deshalb nicht länger als Gegensätze, sondern eher als Gegenentwürfe für alternative Lebensformen betrachtet werden, die nicht auf Profitmaximierung, Umweltzerstörung und Gesundheitsrisiken aufbauen. Der ländliche Raum bietet die eine große Chance, neue Wege zur Umsetzung von Nachhaltigkeit und Kreislaufwirtschaft zu beschreiten und stellt auch in dieser Hinsicht eine wichtige Kulturressource dar, und zwar im umfassenden Sinn des Wortes: als Bodenkultur, Denkkultur, Kultivierung von Respekt vor Mensch und Natur, Akkulturation von Altruismus und Empathie.

Die Hälfte der Böden auf der Erde, so der Biologe Edward O. Wilson, müssen der Natur wieder überlassen werden.[156] Das betrifft auch die »urbanen Böden«, denn »wollen wir die Grundbedürfnisse der Menschen (und also der Erde) ernstnehmen, müssen sich auch die Städte zu lebendigen Orten der Nachhaltigkeit und des Wohlergehens wandeln«, notiert der

Ethikforscher William Lynn.[157] Jüngst entstandene Initiativen für biologische Vielfalt in der Stadt wie der City Biodiversity Index oder auch Singapur Index[158] spielen auch im Mailänder Abkommen von 2015 eine wichtige Rolle. In diesem Bündnis[159] engagieren sich aktuell 200 Millionenstädte aus allen Teilen Welt, um die Ernährungssysteme und Produktionsketten in urbanen Räumen auf der Grundlage von Nachhaltigkeit und Biodiversität neu aufzustellen. Es geht darum, neue Verbindungen auf lokaler Ebene herzustellen und Konsumenten wieder mit (klein)landwirtschaftlichen Betrieben in der stadtnahen Region zusammenzubringen, Lieferketten zu verkürzen, Nahrungsmittelverschwendung zu reduzieren und einen dauerhaften Zugang zu gesunden, lokalen und fair hergestellten Lebensmitteln für Menschen in der Großstadt zu gewährleisten. Tagungsort der Mitglieder des Mailänder Abkommens war im Jahr 2019 die Stadt Montpellier. Dort wurde das Gründungsabkommen an die 17 Ziele für nachhaltige Entwicklung der Vereinten Nationen angepasst und ein Aktionsrahmen für städtische Ernährungspolitik als Leitlinie entworfen. In Zukunft gilt es, alle innovativen Kräfte zu mobilisieren und zu bündeln, um Produktionsstrukturen und Verwertungszyklen nachhaltig zu gestalten, alte Konsumgewohnheiten zu hinterfragen, stadtnahe Versorgungswege auf Synergieeffekte auszuloten, ein arterhaltendes Biodiversitätsmanagement auch im städtischen Bereich zu etablieren und allgemein die Beziehungen zwischen ruralen und urbanen Regionen zum Positiven zu verändern und zu stärken. Das erfordert so viele gebietsübergreifende Bündnisse und Kooperationen wie möglich.

Statt das Voranschreiten der Urbanisierung und die Bruchlinien zwischen Stadt und Land zu perpetuieren, muss der Fokus auf polyzentrische Strukturen gelegt werden, um die (stadtnahen) ländlichen Gebiete in ein urban-regionales Ökosystem zu integrieren und neue Wirtschafts-, Energie- und Bodennutzungsmodelle zu entwickeln.

Dabei werden neue Techniken, Big Data und auch Künstliche Intelligenz eine wichtige Rolle spielen, vor allem im Hinblick auf die Einführung neuer öffentlicher Dienstleistungen oder lokaler Zahlungssysteme und Regionalwährungen, aber auch für CO_2-Zertifikate und Boni bei Treibhausgaseinsparungen, kundenzentrierten Mikrodienstleistungen und dergleichen. Eine neue rurale Ökonomie erfordert einen gesicherten Zugang zum schnellen Internet, deshalb ist der kontinuierliche Ausbau von Breitbandinfrastruktur oder Glasfaserkabel unerlässlich. Angesichts seiner zentralen Funktion für den ökologischen Wandel sollte ein solcher Zugang zudem in den Stand eines Gemeinguts erhoben werden. Eine »neue Ruralität« ist fester Bestandteil einer urbanen Region, die in einem Wechselverhältnis zum ländlichen Umgebungsraum steht; beide müssen sich in Zukunft als einander ergänzende Ressourcenbereiche und ineinandergreifende Kraftpole verstehen, nicht als Gegensätze und rivalisierende Lebenskonzepte.

Das Städtische ist in dieser Neukonzeption integrierter Bestandteil einer Regionallandschaft, die Strategien der kurzen Wege, der Nachhaltigkeit und des guten Zusammenlebens verfolgt. Die 30-Minuten-Region, in der das Erreichen aller wichtigen Einrichtungen und sozialen Infrastrukturen innerhalb dieses zeitlichen Rahmens gesichert ist, stellt einen Schritt in die richtige Richtung zur Stärkung der Lebensqualität im ländlichen Raum dar – durch mühelose und möglichst klimaneutrale Erreichbarkeit von Wohnort, Arbeitsort, Versorgungseinrichtungen, Gesundheitszentren, Bildungsstätten und Freizeitangeboten. Leitmotivisch stehen auch hier das Gefühl von Verbundenheit mit dem Standort und Stolz auf den lokalen Umgebungsraum im Zentrum, die nun dringend der Herstellung günstiger Rahmenbedingungen für effektive Maßnahmen bedürfen. In Frankreich wirken vor allem zentralistische Strukturen und Organisationsformen als Bremsklotz. Eine verwaltungspolitische Dezentralisierungsstrategie und die Schaffung neuer Entscheidungsebenen und -gremien sind deshalb eine wichtige Voraussetzung, damit sich die ländlichen Regionen nicht länger abgehängt fühlen, die Zufriedenheit wächst und die Spannungen zwischen Stadt und Land nachlassen. Das weist den Weg in die Zukunft, den wir nun beschreiten müssen.

8

Auf dem Weg zur ubiquitären Stadt

Technologie im 21. Jahrhundert – vernetzte Urbanität

Als Stadtplaner haben mich zwei bedeutende Wissenschaftler maßgeblich geprägt: Zum einen der Biologe und Urbanist Patrick Geddes, der 1854 in Schottland geboren wurde und 1932 in Montpellier starb. Zum anderen der 1830 in Frankreich geborene Geograf Élisée Reclus, der 1905 in Belgien verstarb.

Geddes verdankt die Technikwissenschaft viele neue Begrifflichkeiten, wie etwa Paläotechnik*, Neotechnik**, Biotechnik***, Geotechnik, sowie Stadtplanungs-Konzepte wie

---

* Bezieht sich auf die ungebremste Ausbeutung der Erde und der Menschen, Landschaftszerstörung, Konzentration von Fabriken, Büroflächen und Elendsquartieren im Stadtraum, die die Entfaltung der Menschen einschränken.

** Bezieht sich auf neue Energieträger, die die Umwelt nicht belasten, und die notwendige Verknüpfung des Nützlichen mit dem Schönen, der Stadt mit ihrer natürlichen Umgebung.

*** Lehre von der Schaffung von Möglichkeiten für ein erfülltes Leben.

Ballungsraum, Megalopolis, aber auch die Idee des »Technodramas«. Als Pionier einer modernen urbanen Ökologie entwickelte er früh die »synoptische Vision« eines symbiotischen Wechselspiels zwischen Stadt und Region, die zusammen ein Ökosystem bilden. Ihm verdanken wir den Slogan: *Think globally, act locally*. Seine Projekte zielen auf soziale Gerechtigkeit und die aktive Beteiligung der Bewohner bei Erhalt, Verwaltung und Gestaltung ihrer städtischen Lebensumgebung. »Demopolis« statt »Tyrannopolis« war die Vision einer Stadtgesellschaft, die sich auf gemeinsame Werte einigt und ihre Ressourcen auf der Grundlage ethischer Vorstellungen in selbstverwalteter Weise einsetzt.

Sein damals schon interdisziplinärer Stadtentwicklungsansatz basierte auf praktischen Erfahrungen und dem Leitmotiv *Head, heart and hand*. Sein späterer Schüler, der US-amerikanische Urbanist Lewis Mumford, entwickelte Geddes' Ansatz in den 1950er Jahren weiter. Geddes war überzeugter Pazifist und ein Vordenker des modernen Umweltschutzes, der auf progressive, oft kaum merkliche Veränderungsschritte im Kleinen setzte* und Erneuerung stets vor dem Hintergrund der individuellen Geschichte einer Stadt gestaltete. In Indien lehrte er an der Universität von Bombay und gab Vorlesungen an der von Literaturnobelpreisträger Rabindranath Tagore gegründeten Visva-Bharati Hochschule.[160]

Élisée Reclus war Geograf, Weltbürger im Humboldtschen Sinn, ein klassischer Gelehrter und leidenschaftlicher Forscher, polyglott, feministisch gesinnt, Kommunarde im Jahr 1871 und als Schriftsteller im Kampf gegen soziale Ungleichheit im Einsatz. Die Grundlagen seines Denkens sind in den Werken *La Terre* (1868), *Nouvelle Géographie Universelle* (19 Bände, 1876–1894) und *L'homme et la terre* (6 Bände, 1905–1908) nachzulesen,

---

* Stadtentwicklung im Einklang mit der Natur (nicht gegen sie) sowie die Idee eines *web of life* waren dabei zentrale Aspekte.

Grundlagentexte einer modernen Geografie, die von einem Wechselspiel zwischen Raum, Ort und Gesellschaft, zwischen Mensch und natürlicher Umwelt ausgehen. Ortsbewusstsein, Stolz und Verbundenheit mit dem die Menschen umgebenden Raum waren grundlegende Werte, die er mit seinem Ansatz verfolgte. Seine Ausführungen zum Ökosystem Stadt-Region-Natur-Mensch und dessen Ressourcen sind nach wie vor aktuell und nicht nur Ausdruck eines ausgeprägten Sinns für Ästhetik, sondern auch einer zutiefst humanistisch geprägten Sozialgeografie, die den Menschen ins Zentrum stellt.

Dieser ungewöhnliche Geograf, der Karten nicht mochte, hinterließ ein umfangreiches, vielfältiges, großartiges Werk und schuf einen neuen Kartentyp: die globusförmige Landkarte. Er war Vollblutwissenschaftler, aber vor allem ein begnadeter Pädagoge, der für Gerechtigkeit und Freiheit eintrat. In Brüssel wurde eigens für ihn die Nouvelle Université Libre gegründet, damit dieser anarchische Einzelkämpfer gegen die Institutionen dort lehren konnte.

Reclus und Geddes kannten sich und tauschten viele Ideen aus, geeint in ihrer interdisziplinären, universalistischen Herangehensweise, bei der Stadt und Region, Mensch und Natur, das Lokale und das Globale eine Einheit bilden. Beide Denker erleben heute nicht nur in der Soziologie und Geografie, sondern auch in der Umwelt- und Stadtforschung eine Renaissance.

Auch mein Ansatz als Stadtplaner mit einem Hintergrund in Mathematik und Informatik ist stets interdisziplinär. Mein Ziel ist die resiliente Stadt angesichts der Bedrohungen durch Klimawandel und technologischen Fortschritt. Krisenhafte Ereignisse müssen, so unvorhersehbar sie bisweilen sind, im Ernstfall gemanagt werden. Die Mitarbeit an der Entwicklung der französischen Plug & View-Plattform AlertBox zur Information und Kommunikation von Risiken aller Art[161] öffnete mir die Augen für die Vorteile von webbasierten Anwendungen zu gemeinnützigen Zwecken. Wir hatten die Plattform in den Nullerjahren zwar als Teil unserer wissenschaftlichen Forschung patentieren lassen,[162] mir war jedoch immer klar, dass eine solche Anwendung allen zugänglich sein muss und nicht allein technokratischen Kreisen vorbehalten bleiben sollte. Dazu musste der Schwerpunkt auf Benutzerfreundlichkeit, Einfachheit und interaktive Nutzung liegen, um die Akzeptanz bei potentiellen Zielgruppen zu erhöhen.

Das Jahrhundert der Städte ist auch das Jahrhundert der Ubiquität. Die digital vernetzte Stadt, in der alle Bürger von überall auf Informationen zugreifen und diese weitergeben können, in der massenhaft Daten in Echtzeit produziert und gesammelt werden, wird in Zukunft Standard sein. Gleichzeitig bringt die Digitalisierung auch eine Menge Nerds, Geeks und Zombies hervor, die im Internet zwar umfassend vernetzt, in der realen, sozialen Welt jedoch abgehängt sind. Die in meinem Ansatz verfolgte urbane Hyper-Proximität auf der Basis von Ubiquität steht hier vor einem gewissen Problem, soll sie doch gerade den direkten Austausch, die analoge Begegnung zwischen den Menschen im Quartier fördern, um einen lebenswerten, in gemeinsamer Verantwortung geteilten urbanen Raum herzustellen, wobei der Technik eine untergeordnete Rolle als Mittel zum Zweck zukommt. Doch Energiewende und intelligente Hausvernetzungen, Abfallkreislaufwirtschaft, Biotechnologie und Telemedizinanwendungen, nanotechnologische Entwicklungen neuer Stoffe und Materialien usw. sind ohne digitale Technik undenkbar. Auch die urbane Ökonomie hat sich mit dem Internet der Dinge, mit Ubiquität und Big Data in den letzten Jahrzehnten grundlegend verändert. Was sich jedoch verschieben muss, ist der Fokus bei der Digitalisierung – weg von der grundsätzlichen Möglichkeit der Vernetzung allerhand smarter Geräte untereinander und einer Datenerfassung, die den Tech-Konzernen überlassen bleibt, hin zur Frage von Datensouveränität und genuin »social data«, die in Zukunft als urbanes Gemeingut im Dienste der Allgemeinheit zu entwickeln sind. Die hybride Verschmelzung von physischer, sozialer und digitaler Lebenswelt eröffnet nämlich durchaus neue Anwendungsmöglichkeiten im Alltag, welche die Standort- und Lebensqualität in der Stadt verbessern und der Stärkung der Stadtgesellschaft dienliche Nutzungen generieren können. Open Data, digitale Landkarten, Geolokalisierung, digitaler Zugang zu Behördendienstleistungen sind nur einige Aspekte dieser neuen Form von Gemeinnützigkeit. Mobilität auf Abruf durch Rufbusse, Sammeltaxis oder Carsharing, multimodale Fortbewegung, dezentrale Energieversorgung, kulturelle Weiterbildung, Telemedizin und personalisierte Medizin, mehr Teilhabe am gesellschaftlichen Leben im dritten und vierten Lebensalter durch Onlineangebote, interaktive Lernplattformen, offenes Regieren und Bürgerpartizipation durch Vernetzung mit der Verwaltung, offene Informationsplattformen im lokalen und regionalen Bereich sind weitere Felder, die die Stadt von morgen zu einem lebenswerten, menschengerechten Ort machen und die urbane Lebensqualität stärken.

Technologische Entwicklungen sind nicht per se gut oder schlecht, sie wirken wie ein Pharmakon, als Droge oder Heilmittel. Es muss deshalb sichergestellt sein, dass sie zum Wohl des Menschen, zugunsten der Allgemeinheit Anwendung finden. Dabei müssen auch Stadtverwaltungen stärker den Bedürfnissen der Bürgerinnen und Bürger gemäß arbeiten. Digitale Vernetzung kann dazu beitragen, einen anderen Zugang zu Verwaltungsdiensten und Behördenangeboten zu entwickeln, das hat sich spätestens während der Pandemie gezeigt.

»Civic Tech«, also informationstechnische, webbasierte Anwendungen, die bürgerschaftliches Engagement und die Übernahme von Verantwortung für die (städtische) Lebensumgebung befördern, stärken auch demokratische Teilhabe und den Dialog zwischen den Akteuren. In einer Zeit, in der die Zukunft der Demokratie gefährdet ist, auch weil sie vor allem in Frankreich im Ruf steht, eine Interessenvertretung nicht mehr für die Bürger, sondern für Berufspolitiker zur Sicherung ihrer Posten geworden zu sein, kann Civic Tech der Zivilgesellschaft zu mehr Mitsprache bei Haushaltsfragen, in der Finanzverwaltung oder bei der Entwicklung neuer Infrastrukturprojekte verhelfen und für mehr Transparenz sorgen. Civic Tech könnte nicht nur die Demokratie, sondern auch den Zusammenhalt und Gemeinsinn der Großstädter stärken, vorausgesetzt der Einsatz der Technologie stellt das Gemeinwohl in den Vordergrund und die Daten werden als Gemeingüter definiert.

Elinor Ostrom, die erste weibliche Wirtschaftsnobelpreisträgerin von 2009, hat viel zur Selbstorganisation von Gesellschaften, zu Gemeingütern und Allmende geforscht, aber auch Fragen der gemeinsamen Nutzung von Ressourcen wie Luft, Trinkwasser, Artenvielfalt, öffentlichem Raum, urbaner Landwirtschaft, Partizipation und Transparenz untersucht. All diese Aspekte machen das Sammeln und Weitergeben von Daten unter aktiver Beteiligung der Stadtgesellschaft erforderlich, um gemeinsam Lösungen zu entwickeln, die die Lebensqualität und das Zusammenleben in der Polis stärken. Andererseits geht es darum, den urbanen Raum der kommerziellen Verwertung und profitorientierten Vereinnahmung durch Plattform-Konzerne zu entziehen und den öffentlichen Zugang zu Ressourcen und Daten unter dem Aspekt von Solidarität und sozialer Gerechtigkeit zu gewährleisten. Die Zukunft des Urbanen liegt in der Verteidigung von Gemeingütern gegen Partikularinteressen.

Deshalb ist es notwendig,

- die Logik der Kommerzialisierung und die zersetzende Macht von Plattform-Konzernen wie Amazon, Airbnb, Uber, aber auch konzerngetriebene Immobilien- und Bodenspekulation zurückzudrängen;

- das Angebot öffentlicher Dienstleistungen zu stärken, was auch im Hinblick auf Partizipationsmöglichkeiten für die Stadtgesellschaft entscheidend ist;
- die Einflusssphäre und Entscheidungskompetenz von Kommunen und Stadtregierungen zu erweitern und gegenüber dem »starken Staat« zu stärken, dazu ist von staatlichen Akteuren auch mehr Dialogbereitschaft gefordert;
- das Verhältnis zwischen öffentlichen und privaten Sektor zu überdenken mit dem Ziel, die Marktmacht privater Konzerne und ihre Kommerzialisierung urbaner Räume perspektivisch neu zu gewichten im Interesse des Allgemeinwohls und der Stärkung der Qualität öffentlicher Verwaltungsdienste.*

Die Stadt als Ort der permanenten Veränderung und Innovation ist ein Testlabor für neue Erfahrungen und Lebensweisen, wie sich am Beispiel Medellín belegen lässt. Aníbal Gaviria, vormals Bürgermeister der Stadt und heute Vorsitzender von Cities Alliances,[163] berichtete in einem Gespräch mit mir, dass die Metamorphose des urbanen Raums nur deshalb gelingen konnte, weil selbst wechselnde Regierungen über einen langen Zeitraum hinweg an einem Strang zogen, weil der private Sektor und soziale und wissenschaftliche Organisationen und Institutionen mit im Boot saßen und weil sich die Stadtgesellschaft in nie gekanntem Maß beteiligt und für den Wandel eingesetzt hat. Medellín wurde also 2013 nicht zufällig zur innovativsten, wandelbarsten Metropole der Welt gekürt und 2016 in Singapur mit dem Lee Kuan Yew World City Prize, dem »Nobelpreis« für Städte, ausgezeichnet. Die entscheidenden Hebel zur Einhegung von Kriminalität und Gewalt waren infrastrukturelle Projekte wie der systematische Ausbau

* Diese Punkte waren ein zentraler Bestandteil des Wahlprogramms von Anne Hidalgo während der Bürgermeister-Wahl 2020 in Paris.

des öffentlichen Nahverkehrs (Metro, Seilbahn Metrocable, Straßenbahnnetz, Gelenkbusflotte), städtebauliche Projekte, wie die Schaffung des Stadtparks »Jardin Circunvalar«, die Anbindung von Armutsquartieren an die städtische Infrastruktur einhergehend mit der Erhöhung von Angeboten für kulturelle und sportliche Aktivitäten sowie der Intensivierung von Sozialarbeit in kriminalitätsbelasteten Quartieren. Stadtentwicklung, so zeigt sich in diesem Flechtwerk aus unterschiedlichen Maßnahmen, ist also ein zentraler Faktor im Kampf gegen soziale Ungleichheit, Gewalt und Verbrechen und kann einen wichtigen Beitrag zu einer gerechteren Verteilung von urbanen Gemeingütern leisten. In Medellín waren soziale Integration, menschengerechte Stadterneuerung und ein dem Gemeinwohl zuträglicher Einsatz von digitaler Technik die Zutaten für ein Erfolgsrezept.

Und was bringen Informations- und Kommunikationstechnik in der Zukunft? Der Ausbau des 5G-Netzes ist als Innovationstreiber fest eingeplant. Doch wird die Smartifizierung der Welt und die Tatsache, dass alle Teile der Stadt miteinander und mit ihren Benutzern interagieren, die Verschmutzung der Umwelt und Versklavung der Menschen weiter befördern – oder bieten sie auch Chancen für einen Wandel zum Positiven und zur Bewältigung unserer Krisen? Mit der digitalen Vernetzung von smarten Geräten und einem deutlich schnelleren Netz bricht eine neue Ära an. Durch die hundertfache Erhöhung der Übertragungsgeschwindigkeit lassen sich nun dreißig Spielfilme innerhalb weniger Sekunden aus dem Netz herunterladen mit einer Stabilität von 99,99 %. Digitale Simulationen, Virtuelle Realität, Augmented Reality, hybride Mensch-Maschinen-Netzwerke werden auf den nächsten Level gehoben und nehmen neue Dimensionen an. Doch welchen Preis werden wir dafür bezahlen?

Die erhitzten Debatten um das 5G-Netz führen zu weitergehenden Fragen, etwa der nach dem Nutzen und den Möglichkeiten, die die neue Ubiquität für die Zukunft der Städte bietet. Ich halte es für dringend geboten, diese neue technische Entwicklung von Anfang an in den Dienst des urbanen Wandels hin zur lebenswerten, menschengerechten, nachhaltigen, klimaresistenten Stadt zu stellen und sich bei neuen Anwendungen zu einer gewissen Sparsamkeit im Umgang mit den Daten zu verpflichten.

Der Erfolg von Google, Apple, Facebook, Uber, Airbnb, Amazon, Alibaba und Co. beruht auf deren Fähigkeit, massenhaft Daten aus sogenannten »sozialen« Netzwerken zu saugen und in Dienstleistungsangebote zu übersetzen, die über ihre Plattformen leicht zugänglich sind. Der urbane Raum ist dabei zum wichtigsten Marktplatz für GAFAM* und BATX** geworden, die unter dem Deckmantel der Nachhaltigkeit und einer Ökonomie des Teilens in nie dagewesenem Ausmaß gesellschaftliche Werte und soziale Beziehungen desavouieren, mit erheblichen Folgen für das Zusammenleben in der Großstadt.

Nicht nur in Frankreich wurde der Anschluss an diese Entwicklungen weitgehend verpasst. Wir haben uns von den digitalen Innovationen der Tech-Giganten, dem damit einhergehenden Verlust unserer Datensouveränität und den negativen sozialen und wirtschaftlichen Folgen durch die Verlagerung der Wertschöpfung ins Ausland überrollen lassen. Anstatt unsere eigenen Stärken im Bereich Informatik, Mathematik und Design kreativ einzusetzen, ließen wir zu, dass unser Leben von den Tech-Giganten »gehackt« wurde. Es ist an der Zeit, nun unsererseits deren Technik zu hacken. Im Bereich der Stadtplanung sollte Digitalisierung vor allem dazu verwendet werden, den Dialog zwischen den Akteuren und mit den Bürgern zu stärken und bei neuen Projekten alle Beteiligte – Entscheidungsträger, Bauträger, Anrainer und spätere Nutzer – in

---

* Google, Apple, Facebook, Amazon, Microsoft

** Baidu, AliBaba, Tencent, Xiaomi

jeder Planungsphase und bei allen Schritten zu vernetzen.[164] Digital erstellte Visualisierungen von wechselnden Dynamiken, Interessen, Bedürfnissen und Ressourcen geben Planern, Ausführenden und interessierten Bürgern neue Instrumente an die Hand, die in Analysen, Simulationsmodelle und Entscheidungsfindungsprozesse einfließen können bei gleichzeitiger Stärkung partizipativer Strukturen.

Im Verlauf des Bauprojekts Quayside in Toronto führte die strittige Frage des Umgangs mit erhobenen Daten in einem geplanten smarten Stadtquartier am Ufer des Ontariosees zu einer bislang einmaligen Machtprobe zwischen der Alphabet-Tochter und Google-Schwester Sidewalk Labs und der Stadtregierung, und zu einer Niederlage für Sidewalk! Die Kommune entschied sich für eine Daten-Governance in öffentlicher Hand, die den drohenden Verlust von Datensouveränität und Privatheit an öffentlichen Orten in demokratische Bahnen lenkte. Im Zentrum der Auseinandersetzung standen der Umgang mit den ubiquitär erhobenen Gebiets- und Standortdaten, die Dystopie der gläsernen Bürger und die Aneignung der Daten durch private Konzerne. Trotz zahlreicher Versicherungen, die von den Kameras und Sensoren erfassten Standortdaten zu anonymisieren, hätten diese Konzerne zusammen mit Geolokalisationsinstrumenten und umfassenden Trackingmöglichkeiten Rückschlüsse auf die Identität der Nutzer des öffentlichen Raums zugelassen. Eine Bürgerinitiative namens #BlockSidewalk sorgte dafür, dass publik wurde, wie Google versuchte, den der Allgemeinheit gehörenden Straßenraum in einen Finanzmarktplatz zu verwandeln und anhand der Datensammlung Stadt-Management aus privater (Konzern-)Hand zu betreiben. Das Projekt wurde abgeblasen und Google zog sich zurück.

Seit Olivia Chow 2023 zur Oberbürgermeisterin der Stadt gewählt wurde, hat die Kommunalpolitik eine weitere bemerkenswerte Wende genommen. Die Stadt setzt nun auch auf den massiven Ausbau von sicheren Fahrradstreifen in Toronto, um den Bürgern ein alternatives, nachhaltiges Mobilitätsangebot zu machen. Geplant sind neue Dienstleistungen im Bereich Rad- und E-Scooter-Sharing, die über kommunale digitale Plattformen allen zugänglich sein werden. Und dies ist nur ein Beispiel, wie der Einsatz digitaler Techniken im Hinblick auf Klimaschutz und Nachhaltigkeit funktionieren kann. In Chows Vision soll Toronto zu einem Vorzeigemodell für urbane Nachhaltigkeit werden und eine menschengerechte Stadt für alle entstehen, die mit neuen Quartierskonzepten, kurzen Wegen, grüner Energie und klimaneutraler Mobilität den endlosen Verkehrsstaus und der enormen Belastung durch Treibhausgasemissionen ein Ende setzt. Chows politischer Wille und ihre Durchsetzungskraft hat Toronto schon jetzt auf einen der vorderen Plätze der Musterstädte gebracht, die Gemeinwohl und Lebensqualität der Bürger an oberste Stelle setzen.

Gebiets- und Standortdaten werden in Zukunft bei der digitalen Vernetzung und Smartifizierung der Welt eine entscheidende Rolle spielen; bei der Umgestaltung von Städten nehmen sie eine zentrale Stellung ein. Sie müssen zu einem sozialen Gemeingut werden, zu einem gemeinsam verwalteten Datenschatz, der zum Wohle der Allgemeinheit gesammelt und ausgewertet wird, um öffentliche Infrastruktur und Dienstleistungen, die den Bürgern zugutekommen, zu optimieren. Telemedizinanwendungen, interaktive Lernplattformen, digitale Verwaltungsdienste, Nutzung lokaler Online-Medien, Termine übers Internet, webbasierte Nahversorgung dürfen nicht in kommerzielle Hände wandern, sondern sind als Dienstleistungen am Menschen kommunal und unter Beteiligung der Bürgerschaft zu verwalten. Der Fokus der digitalen Vernetzung muss auf Revitalisierung der Nachbarschaften, kurzen Wegen, schnellem Zugang und Erreichbarkeit sowie Stärkung der Lebensqualität im Sinne der Viertelstunden-Stadt (bzw. der Region der halben Stunde) liegen. Das digitale Potenzial liegt in der Schaffung einer dem Standort angemessenen funktionalen und sozialen Mischung, die den Kontakt der Quartiersbewohner untereinander befördert und das wirtschaftliche und kulturelle Leben stärkt. Dabei gilt es, die Kontrolle über die Datenströme gerade nicht profitorientierten Unternehmen zu überlassen, sondern diese Daten sinnvoll auszuwerten, um standortgerechte Lösungen zur Verbesserung der Lebensqualität zu entwickeln und ein entspanntes gesellschaftliches Miteinander zu befördern. Beispielsweise könnten die Daten als Grundlage dienen für städtische Planungsvorhaben, die über die generierten Daten visualisierbar, analysierbar und simulierbar werden, um Gestaltungsvorschläge auf ihre Effizienz und Durchführbarkeit zu prüfen.

Lebensqualität und Wohlbefinden lässt sich auf drei unterschiedlichen Ebenen verbessern:

- im privaten Bereich durch mehr Zeit für Familie, Angehörige und Freunde;
- im sozialen Umfeld durch mehr Kontakt zu Nachbarn und Arbeitskollegen, durch Inklusion und Abbau von Spannungen;
- im planetarischen Bereich durch Achtung und Respekt gegenüber Mitmenschen, Natur, Bodenschätzen und anderen natürlichen Ressourcen.

Im Grunde geht es darum, durch städtebauliche Eingriffe die langen Strecken, die wir im Alltag für alle möglichen Tätigkeiten zurücklegen müssen, in qualitativ hochwertige Lebenszeit umzuwandeln, die uns und unseren Bedürfnissen entspricht. Digitale Vernetzung steht dabei hauptsächlich im Dienste einer Stadt der Nähe, die den Anwohnern innerhalb von fünfzehn Minuten mit klimafreundlichen Mobilitätsmitteln (zu Fuß, per Fahrrad, mit Bus und Bahn) den Zugang zu sechs Grunddienstleistungen gewährt:

- Wohnen und bezahlbarer Wohnraum, dort, wo Bedarf und Nachfrage hoch sind
- kurze Arbeitswege und eine funktionale Mischung des Quartiers, ggf. Neugewichtung der wöchentlichen Arbeitszeit oder Homeoffice
- Versorgung mit allen notwendigen Gütern durch Schaffung eines dichten Netzes von Einzelhandelsgeschäften vor Ort
- Sport und Freizeitaktivitäten, um die Gesundheit zu fördern, medizinische Versorgung
- Lern- und Bildungsangebote für alle Lebensalter
- kulturelle und regenerative Angebote, aber auch Schaffung von Begegnungszonen durch die Revitalisierung und Begrünung von Plätzen und naturnahen Anlagen in Standortnähe, um den sozialen Kontakt der Bewohner zu stärken.

Digitale Raum- und Standortdaten sind hilfreich, um diese Anforderungen an das Ökosystem Stadt besser erfüllen und vorhandene Ressourcen optimal ausschöpfen zu können. Es ist der einfachste Weg, um unterschiedliche soziale, ökonomische und kulturelle Möglichkeiten zu lokalisieren und allen Bürgern zugänglich zu machen. Gleichzeitig bekommen die städtische Verwaltung und die Regierung Einblick in die Bedarfslage, erkennen Dynamiken und Notstände schneller und können schnell darauf reagieren. Zusammen mit Geolokalisierungsinstrumenten können Datensammlungen aussagekräftige Querverbindungen zwischen Nutzungsverhalten, Dienstleistungsart, Infrastruktur und Ressourcen herstellen, die ebenfalls der Optimierung des vorhandenen Angebots dienen könnten. Solche Daten-Raster erfassen die Dynamik innerhalb eines Stadtgebiets ziemlich präzise und können zu einer tragenden Säule für den optimalen Zuschnitt in Bezug auf die Bedürfnisse und Interessen der Anwohner werden.

Städte müssen in der Lage sein, als Bollwerk gegen Plattform-Konzerne zu fungieren, bevor diese unser Leben vollends ausforschen. Städtische Verwaltungen und Bürgermeister sollten daher jede »Marktlücke« nutzen, die sich bietet, und sie über lokale Steuerungsmechanismen mit öffentlichen Angeboten füllen, um sich der Übermacht der Tech-Giganten zu erwehren. Dabei darf das konkrete Design neuer Serviceangebote nicht vernachlässigt werden, denn die Form muss dem Nutzungsverhalten der jeweils spezifischen Nutzergruppe entsprechen, um die Akzeptanz von Anwendungen zu sichern. Der große Erfolg des Fahrradleihsystems *Vélib* in Paris zeigt, dass gerade Mischformen – etwa aus physischer Bereitstellung eines Verkehrsmittels (dem Rad) in Kombination mit digitaler Standortbestimmung und Verfügbarkeit des Angebots – den Nutzerinteressen sehr entgegenkommen.

Richard Sennett hat im letzten Band seiner »Homo-faber«-Trilogie Grundzüge einer »Ethik der Stadt« entwickelt, die ihm zufolge auch eine Ethik des »Bauens und Bewohnens« ist.[165] Es geht um die »Öffnung der Stadt« und die Bildung des »kompetenten Städters«, die beide einen offenen Geist, offenes Denken, eine offene Haltung beim Gestalten unserer städtischen Lebensumgebung und der gebauten Umwelt erfordern und deshalb nicht ohne Mühe zu verwirklichen sind. Sennett plädiert dafür, die Form und Hintergrund bei der Entwicklung einer Ethik der Stadt einzubeziehen, die für eine gesellschaftliche Akzeptanz des Wandels unabdingbar ist. Die Förderung des sozialen Miteinander entwickelt auch unsere Fähigkeit, dem Anderen und dem Anderssein mit vorurteilsfreiem Blick zu begegnen oder Vorurteile in Frage zu stellen.

Die Stadt ist der ideale Ort, um Design und Form von Dienstleistungsangeboten zum Förderer von Innovation zu machen und so eine interdisziplinär begründete Dynamik der digitalen Vernetzung in Gang zu setzen, die im Interesse der Nutzer liegt und nicht auf deren Kosten geht. Das Design ist das Ergebnis eines Zusammenspiels von kreativ-künstlerischer, kognitions- und sozialwissenschaftlicher Ansätze (aus der Soziologie, Anthropologie, Ökonomie) und digitalen Möglichkeiten. Es muss auf die Erwartungen, Erfahrungen und Gewohnheiten der Nutzenden zugeschnitten sein und besser funktionieren als bestehende Anwendungen, die staatliche Institutionen, Konzerne oder Marken bereitstellen. Ist dies alles der Fall, eröffnen sich ganz neue Experimentierfelder und Möglichkeiten für städtische Verwaltungsdienste. Auch deshalb meine ich, dass Stadtverwaltungen sich stärker um Kooperationen mit Hochschulen für Gestaltung, Kreativarbeitern im Digitalbereich und Einrichtungen für Sozial- und Kognitionsforschung bemühen sollten. Die Stadt von morgen braucht mehr Interdisziplinarität, mehr Öffnung und eine Form der Erneuerung, die über Grenzen hinaus denkt. Ganz sicher werden dabei die Städte führend sein, die digitale Techniken nutzen, um die Umgestaltung der Stadt im Interesse des Gemeinwohls voranzutreiben im Sinne der Stärkung des gesellschaftlichen Zusammenlebens und der Steigerung Lebensqualität in der Großstadt.

Ausblick

Vielversprechende Ansätze rund um den Globus

Das Interesse am Konzept der 15-Minuten-Stadt nimmt weiter zu, auch weil sich wichtige politische Entscheidungsträger wie die Pariser Bürgermeisterin Anne Hidalgo oder der Bürgermeister von Mailand Guiseppe Sala dafür stark machen. Regierende sehen darin ein zukunftsweisendes Modell der Stadterneuerung zur Erhöhung der Lebensqualität in einem klimagerechten, lebenswerten urbanen Umfeld. Auch in die strategischen Agenden vieler globaler Bündnisse, Netzwerke und Organisationen, wie *C40 Cities* und internationaler Allianzen von Bürgermeistern und Stadtregierungen, hält das Konzept Einzug, weil es als vielversprechender Ansatz für eine nachhaltige Stadtentwicklung steht, die der Luftverschmutzung und dem Verkehrsinfarkt den Kampf ansagt und gleichzeitig die Wirtschaft im lokalen Bereich stärkt. Mehr und mehr Akteure und Unternehmen aus dem privaten Sektor rücken diese Ziele nun ebenfalls in den Fokus, weil sie die Vorteile einer Reorganisation des städtischen Lebens im Nahbereich mit kurzen Behördenwegen, leicht zugänglichen öffentlichen Diensten und Versorgungsangeboten direkt vor Ort als sinnvolle Grundlagen für mehr Umweltschutz und Klimagerechtigkeit erkennen. All dies regt auch die Forschung an und führt zur Herausbildung eines neuen interdisziplinären Wissenschaftsbereichs in der Urbanistik, der sich auf die unterschiedlichen Aspekte und Dimensionen einer polyzentrisch strukturierten Stadt der Nähe und der multifunktionalen Orte konzentriert. Im Zentrum stehen dabei die Themen Nachhaltigkeit, öffentliche Gesundheit, Stärkung der Lebensqualität und soziale Integration. Die Frage, wie kommunale Politik die Widerstandsfähigkeit der Städte in Krisen, soziale Inklusion und den einfachen Zugang zu öffentlichen Dienstleistungen und Angeboten gewährleisten kann, ist zukünftig entscheidend, und der Wandel zur 15-Minuten-Stadt ein aussichtsreicher Weg, um den Individualverkehr und die Abhängigkeit vom Privatauto einzudämmen, Treibhausgasemissionen zu reduzieren, den Anwohnern einen lebenswerten Daseinsraum zu schaffen und urbane Vielfalt zu erhalten. Weitere Schlüsselelemente sind eine gerechte Neuaufteilung des Straßenraums, der Kampf gegen Boden- und Immobilienspekulation und der Erhalt von konsumfreien Zonen im öffentlichen Raum.

Hier einige Beispiele für die wachsende globale Relevanz des Konzepts der 15-Minuten-Stadt:

- Ein im Januar 2021 erschienener Open-Access-Artikel[166] von mir und meinen Kollegen »Introducing the 15-Minute City: Sustainability, Resilience and Place Identity in Future Post-Pandemic Cities« erzielte in kürzester Zeit über 90.000 Aufrufe und wurde laut Google Scholar bereits in mehr als 800 wissenschaftlichen Arbeiten zitiert.
- Bei der Initiative »Europäische Partnerschaft für urbane Transformation« (DUT)[167] der Europäischen Union liegt der Schwerpunkt seit 2022 auf der Gestaltung von 15-Minuten-Städten, was den hohen Stellenwert des Konzepts im Rahmen europäischer Städtepolitik beweist. Ein Zweig des Programms zielt explizit auf die Schaffung von polyzentrischen Städten mit multifunktionalen Lebensbereichen und ist ein Beleg dafür, dass die Notwendigkeit erkannt wurde, den urbanen Raum durch Mischnutzungskonzepte

und soziale Integration menschengerechter zu konzipieren. Im Rahmen von jährlich ausgeschriebenen Projekten bietet DUT eine stabile Finanzierung zur Mobilisierung der 28 EU-Mitgliedstaaten, um innovative Ideen, urbane Forschung und Testprojekte zu fördern und einen Pool an Strategien, Best Practices und erfolgversprechenden Instrumenten zu schaffen, aus dem Städte auch in Zukunft schöpfen können. So lässt sich auch die Tragfähigkeit des Konzepts der 15-Minuten-Stadt in der Praxis feststellen, und es schält sich mit der Zeit heraus, was sich zur Nachahmung empfiehlt. Das DUT-Programm zeugt zudem von einem starken politischen Willen in der EU, den urbanen Wandel im Sinne von ökologischer Nachhaltigkeit, aber auch wirtschaftlicher und sozialer Entwicklung und Integration voranzutreiben.

- Das von der EU mitfinanzierte Projekt EIT Urban Mobility widmet sich seit 2022 ebenfalls intensiv der Idee der 15-Minuten-Stadt. In ihrem Bericht *Urban Mobility Next 9 ± 15-Minute City: Human-centred planning in action* werden die jüngsten Entwicklungen in diese Richtung vorgestellt.[168] Auch in der Weiterbildung ist das Konzept inzwischen angekommen und wird didaktisch aufbereitet in MOOCs (Massive Open Online Courses) und in Master Classes gelehrt.
- In den USA werden durchschnittlich sieben bis neun Kilometer zurückgelegt, um sich mit Waren des täglichen Bedarfs zu versorgen oder um Freizeitaktivitäten nachzugehen, so das Ergebnis einer Studie des Senseable City Lab, das über das MIT-Media Lab dem Urbanistik-Bereich der Harvard University angegliedert ist. Bewegungsdaten von 40 Millionen mobilen Geräten wurden ausgewertet, mit dem Ziel, den Verkehr auf einen kleineren Radius im Lokalen zu lenken. Gleichzeitig weitet sich der Blick auf die ausgrenzende Wirkung dieses Umstands für viele gesellschaftliche

Gruppen, die von einer Stärkung der Fortbewegungs- und Versorgungsmöglichkeiten vor Ort profitieren würden. Im MIT-Media Lab läuft zudem seit 2021 eine großangelegte Studie mit dem Titel »Understanding the 15-Minute City«, die unter Mitwirkung von NTT DATA zur Grundlage einer interaktiven Plattform zur Analyse von Flächennutzung und Mobilität wurde.[169]

- Pedestrian Space ist eine Rechercheplattform, die 2021 in Warschau von einem internationalen Team von Urbanisten gegründet wurde.[170] Forschungsschwerpunkte sind die Begehbarkeit der Stadt zu Fuß, Barrierefreiheit und Best Practices zur Förderung von Fußgängerfreundlichkeit. Die Reichweite der Non-Profit-Organisation ist inzwischen riesig und verweist auf die große Bedeutung des Aspekts Begehbarkeit und Fußläufigkeit für eine nachhaltige Stadtentwicklung weg vom motorisierten Individualverkehr. Vor Kurzem rief Pedestrian Space ein globales Netzwerk für fußgängerfreundliche Städte ins Leben, dem bereits 76 Organisationen aus 35 Ländern und 75 Städten in Süd- und Nordamerika, Ozeanien, Asien, Afrika, im Nahen Osten und in Europa angehören. Internationale Anerkennung erfuhr die NGO am 28. Juni 2022 im Rahmen des 11. Weltstädteforums in Krakau, als die Initiative Pedestrian Space als grundlegende Strategie ins Kompendium von UN-HABITAT für eine menschenzentrierte Stadtentwicklung aufgenommen wurde.
- Das Projekt »15-minute City Mapping«[171] an der Technischen Universität München verfolgt eine umfassende Überblickskartierung der 15-Minuten-Städte. Auf der Grundlage robuster Analysen werden Erfahrungen, Instrumente und bewährte Vorgehensweisen aus aller Welt gesammelt, um die verschiedenen Phasen im Wandel zur 15-Minuten-Stadt zu dokumentieren. Das Projekt ist an den Lehrstuhl für Siedlungsstruktur und Verkehrsplanung an der TU München

angebunden, Kooperationspartner sind die Universitäten Westminster in Großbritannien und Porto in Portugal.

- In Singapur wird für die zahlreichen Pendler des Stadtstaates im Rahmen des städtebaulichen »Land Transport Master Plan 2040« gerade ein 20-Minuten-Stadtteil- und ein 45-Minuten-Citycenter-Konzept entwickelt.[172] Die daraus hervorgehenden Fallstudien wecken das Interesse von Stadtplanern und Stadtregierungen in aller Welt.
- In Südkorea steuert das Korea Research Institute for Human Settlements (KRIHS) einen höchst dynamischen Forschungsverbund zum Zusammenhang von Nähe und Kompaktheit in urbanen Zentren, der in engem Austausch und vielen Kooperationen neue Ansätze in der Urbanistik verfolgt.[173] Das Modell der »kompakten Stadt« der kurzen Wege trägt durch zahlreiche Publikationen dieses Instituts dazu bei, unser Konzept in der breiten Öffentlichkeit bekannter zu machen und in diverse internationale Fachdiskurse in der Urbanistik einzubinden. In unterschiedlichen Foren und Formaten treffen Stadtplaner, politische Entscheidungsträger und Wissenschaftler aus unterschiedlichen Disziplinen regelmäßig zusammen, um über Herausforderungen und Chancen der kompakten Stadt zu diskutieren. Innovative Ideen erfahren in Pilotprojekten ihre praktische Umsetzung, die in Fallstudien analysiert wird. Lokale Initiativen ermöglichen das Austesten neuer Ansätze unter realen Bedingungen und die Langzeitbeobachtung von den Auswirkungen der städtebaulichen Eingriffe auf die Lebensqualität und das Wohlbefinden der Anwohner. All dies sind wichtige Etappen für die Entwicklung von Richtlinien, die eine Skalierung des Konzepts auf größere Ebene ermöglichen. Am KRIHS zeigt sich beispielhaft, wie unerlässlich Kollaborationen in der Stadtforschung sind. Interkulturelle, interdisziplinäre Zusammenarbeit birgt ein nicht zu unterschätzendes Potenzial, um den urbanen Wandel hin

zur nachhaltigen, menschengerechten Stadt der Nähe und schnellen Erreichbarkeit voranzutreiben.

- Im Emirat Dubai befasst sich der »Dubai Master Urban Plan 2040« mit der zentralen Rolle eines effektiven Zeitmanagements bei alltäglichen Abläufen, bei der Fortbewegung im öffentlichen Raum und den positiven Auswirkungen auf die Lebensqualität und Zufriedenheit der städtischen Bewohner.[174] Geplant ist, alle Grunddienstleistungen und Versorgungsmöglichkeiten in einem 20-Minuten-Radius vom Wohnort zu Fuß oder per Fahrrad erreichen zu können. Der Plan sieht außerdem vor, Haltestellen des öffentlichen Nahverkehrs so einzurichten, dass mindestens 55 % der Bewohner diese in einer Entfernung von höchstens 800 Metern erreichen und auf diese Weise 80 % der alltäglichen Wege zurücklegen können.
- Im australischen Bundesstaat Victoria wurde das Konzept des 20-Minuten-Quartiers vor allem in Melbourne zur städtebaulichen Priorität. Gezielt werden hier Forschungsarbeiten und Informationen zur Verfügung gestellt, damit Stadtplaner, Ingenieure, Verantwortliche in der Stadtverwaltung und andere involvierte Parteien dieses Konzept bei neuen Entwicklungsprojekten berücksichtigen und entsprechend umsetzen können.[175]
- In Südafrika wird versucht, den zögerlichen Wandel zu mehr Nachhaltigkeit durch Umwälzungen »im Kleinen« und Quartiersentwicklungskonzepte auf der Grundlage der 15-Minuten-Stadt zu beschleunigen. Mit ausgefeilten Instrumenten und Methoden zur Bewertung von Nachhaltigkeit werden nun in einem Stadtteil von Pretoria Nachhaltigkeitslücken und für den Standort angemessene Lösungen ermittelt, getestet und laufend angepasst. Die bisherigen Resultate deuten darauf hin, dass über lokale Interventionen die nationalen Ziele der Nachhaltigkeitsentwicklung in Südafrika tatsächlich schneller umgesetzt und gleichzeitig neue

spannende Ansätze zur Implementierung unseres Quartierskonzepts für die Urbanistik fruchtbar gemacht werden können.[176] Im September 2021 veranstaltete JPI Urban Europe gemeinsam mit Start International und ICLEI Africa eine Reihe von Workshops unter der Überschrift »Conducting Urban Transitions to Sustainable and Just Futures in Africa.« Ziel war es, Visionen, aber auch konkrete Handlungsfelder für den urbanen Wandel auf dem afrikanischen Kontinent zu entwerfen. Im Rahmen des Afrikanischen Mobilitätsmonats 2021 konzentrierte sich der erste Workshop auf das Konzept der 15-Minuten-Stadt als zukunftsweisend für ein gerechtes und nachhaltiges Entwicklungsprogramm nachfolgender JPI Urban Europe-Projekte.

– In Lateinamerika gibt es angesichts der besonderen urbanen Herausforderungen eine große Zahl von Aktivitäten, Initiativen und Testfelder, die sich auf das Konzept der 15-Minuten-Stadt konzentrieren. Charakteristisch ist hier eine Orientierung an bestehenden Forschungsergebnissen, verbunden mit dem starken politischen Willen in den Stadtverwaltungen, den Zugang zu öffentlichen Diensten, die Nachhaltigkeit im Nahverkehr sowie die funktionale und soziale Mischung in den Stadtquartieren zu verbessern. In Lateinamerika steht die 15-Minuten-Stadt nicht bloß für einen neuen Ansatz in der Stadtplanung, sondern fast schon symbolisch für ein alternatives Gesellschaftsmodell, das ein Zusammenleben in der Großstadt unter den Vorzeichen soziale Gerechtigkeit, Inklusion und Wohl der Allgemeinheit neu denken und gestalten will.
– Bei einem internationalen Treffen in Buenos Aires 2021 bekräftigten die Bürgermeister des Bündnisses *C40 Cities* die enge Zusammenarbeit zwischen urbanistischer Forschung und kommunalen Behörden und etablierten ein wegweisendes neues Forum zur Anpassung des Konzepts der Stadt der Nähe an die je spezifischen lokalen Kontexte. Beson-

ders hervorzuheben ist ein Kooperationsbeschluss mit dem Netzwerk der Interamerikanischen Entwicklungsbank IDB, der die Bandbreite von Initiativen auf der Grundlage der 15-Minuten-Stadt erweitern und Kommunikationskanäle weiter entwickeln soll. Auf einer Nachfolgetagung von *C40 Cities* im Mai 2022 betonten die politischen Vertreter der zehn größten lateinamerikanischen Metropolen ihre Absicht, in ihrem Verwaltungsgebiet die Prinzipien des Konzepts umzusetzen, und stellten laufende Projekte vor, die durch eine Stadt der Nähe auch die soziale Integration, ein friedliches Zusammenleben und mehr Nachhaltigkeit in der Großstadt fördern. Anpassungsstrategien an die jeweils lokalen Bedingungen und Best Practices wurden erläutert und ausgetauscht. Das engagierte Eintreten für das Konzept durch UN-HABITAT, *C40 Cities* und nun auch der Interamerikanischen Entwicklungsbank führt zu einer Fülle von neuen Projekten auf dem gesamten Subkontinent, in denen die Anwendbarkeit erprobt und analysiert wird: »48 Calles« in Buenos Aires, »Diseño urbano sustentable« in Mendoza, »La Nueva Alameda« in Santiago de Chile, »Manzanas del cuidado« und »Vulnerabilidad territorial« in Bogotá, oder »Una mirada a la ciudad de los 15 minutos desde los asentamientos precarios« in Barranquilla y Soledad gehören dazu. Im mexikanischen Tijuana entstand das Projekt »Observatorio de Ciudades« und auch das nationale Institut für den Bau von Arbeiterwohnungen orientiert sich bei neuen Planungen am Konzept der 15-Minuten-Stadt.

– Die Einrichtung von untereinander vernetzten akademischen Forschungsverbünden in den verschiedenen Bereichen der Stadtplanung sind ein wichtiger Schritt, um das Konzept der Stadt der Nähe auch in der Lehre und Ausbildung zu verankern. In Argentinien existieren bereits Lehrstühle, die eine Katalysatorfunktion erfüllen bei der Förderung und Umsetzung von Stadtentwicklungsprojekten, die sich auf die Stärkung des Lokalen, die Verbesserung der Lebensqualität für die Anwohner und auf gesellschaftliche Inklusion konzentrieren. Auch in Chile, Mexiko und in der Dominikanischen Republik wird durch die Stärkung der akademischen Forschung im stadtplanerischen Bereich ein verlässlicher Rahmen zur Erprobung und Weiterentwicklung unseres Konzepts geschaffen, in dem Forschende, Studierende, politische Entscheidungsträger und Bürger gemeinsam Ziele definieren und verfolgen. Dadurch werden nicht nur bereits bewährte Verfahren vermittelt, sondern auch Synergien freigesetzt und Herangehensweisen langfristig auf Kohärenz und Nachhaltigkeitseffekte überprüft. Die Lehrstühle entwickeln sich so zu einflussreichen Schaltstellen, die den Dialog zwischen Urbanistik und Gesellschaft fördern und aktiv zur Stärkung von Vitalität und sozialer Vielfalt in urbanen Räumen beitragen, und zwar unter Berücksichtigung der Bedürfnisse der Bewohner und der Spezifik des lokalen und regionalen Umfelds.

- Eine internationale Ausschreibung der *C40 Cities* wendet sich explizit an das Potenzial junger Menschen im Einsatz für eine grünere, nachhaltigere, menschenfreundlichere städtische Umgebung. »Students Reinventing Cities« startet 2024 mit 17 internationalen Metropolen in die dritte Ausschreibungsrunde.[177] Teilnehmende Städte in der vorigen Phase 2023/24 waren Addis Abeba, Amman, Barcelona, Buenos Aires, Kopenhagen, Curitiba, Freetown, Guadalajara, Johannesburg, Lissabon, London, Los Angeles, Rom, Salvador, Tel Aviv-Yafo, Toronto und Wuhan.

Das Konzept der 15-Minuten-Stadt ist zu einem globalen Thema geworden. Als innovativer Hebel eines urbanen Wandels hin zu mehr Nachhaltigkeit, einfachem Zugang auf kurzen, emissionsfreien Wegen zu grundlegenden Diensten und Versorgungseinrichtungen des täglichen Bedarfs sowie einer dem

Standort angemessenen funktionalen und sozialen Mischung steht es für eine integrative Zukunftsvision im Städtebau, für ein radikales Umdenken in den täglichen Abläufen, aber auch für neue Kooperationen zwischen Forschungsinstitutionen, Stadtverwaltungen und internationalen Organisationen. Weltweit entstehen nun strategische Partnerschaften, Feldforschungsprojekte und innovative Initiativen mit dem Ziel, die Widerstandsfähigkeit unserer Großstädte angesichts von Klimawandel und anderen Katastrophen zu stärken und den urbanen Raum als nachhaltigen, sozial gerechten, menschenfreundlichen Ort zu gestalten. Die 15-Minuten-Stadt steht symbolisch für diese neue Urbanität.

Nachtrag

Und in Zukunft?

In der Corona-Pandemie wurden alte Gewissheiten erschüttert, und wir erlebten, wie verwundbar und abhängig wir nicht nur in der Krise sind, wie tief die gesellschaftlichen Kluften reichen. Davor, das war die Zeit des ungebremsten Raubbaus an der Natur, der Ausbeutung fossiler Brennstoffe und des blinden Glaubens, dass uns die Technik aus der Klimakrise führen würde. Nun, im Nachhinein, entsteht ein neues Bewusstsein, und wir erkennen, dass es so nicht weitergehen kann. Abwarten ist keine Option mehr. Es bedarf radikaler Veränderungen in unserem Lebensmodus. Die Pandemie hat die Grenzen unseres Wirtschafts- und Gesellschaftsmodells aufgezeigt und uns die begrenzten Ressourcen unseres Planeten, die Fragilität unserer Ökosysteme einmal mehr vergegenwärtigt. Klimaschutz ist notwendiger denn je und erfordert tiefgreifende strukturelle Maßnahmen auf der Grundlage von sozialer Gerechtigkeit, Resilienzförderung und Ressourcensparsamkeit. Die Viertelstunden-Stadt ist ein pragmatischer Ansatz, um die nachhaltige Stadt von morgen zu entwickeln. Sie ist Ausdruck einer neuen Urbanität, die auf Fußläufigkeit und kurze Wege, auf eine menschengerechte Verteilung des Straßenraums, auf ein Umdenken in täglichen Abläufen zur Verringerung des CO_2-Ausstoßes in unseren Metropolen setzt, die Artenvielfalt schützt und den gesellschaftlichen Zusammenhalt stärkt. Sie wird nicht nur das Problem der Dauerstaus und Verkehrsinfarkte lösen, sondern verspricht auch ein urbanes Leben, das stärker im Einklang mit Natur und Umwelt steht und klimagerecht ist.

Die Pandemie hat uns die komplexen Verflechtungen und Abhängigkeiten weltweit vor Augen geführt. Und immer mehr Krisen und Komplexitäten kommen hinzu: Neben dem Klimanotstand sind es aktuell auch der Angriffskrieg auf die Ukraine und die Konflikte im Nahen Osten, die unsere Sicherheit gefährden. Auch diese geopolitischen Krisen verweisen jedoch darauf, dass systemische Lösungen immer nur durch Verhandeln und Zusammenarbeit zu erreichen sind. Meine Zitate aus Italo Calvinos *Die unsichtbaren Städte* sollten das nicht ausgeschöpfte Potenzial unserer Städte bei der Suche nach Antworten auf die drängenden Fragen unserer Zeit andeuten. Eine neue Welt »nach« der Krise kann sich aber nur herausbilden, wenn wir die Probleme an der Wurzel anpacken: am Umstand, dass unser Leben auf Massenproduktion und Massenkonsum basiert, auf einem »Höher, Schneller, Weiter«, auf Taktung und Tempo, die sich verselbständigt haben und dem menschlichen Maß nicht entsprechen. Gibt es hier kein Umdenken, führen alle Veränderungsansätze in eine Sackgasse. Ein langsamerer urbaner Takt, ein radikal anderer Stoffwechsel mit der Natur, eine Umgestaltung zur polyzentrisch strukturierten Stadt und veränderte Arbeitswelten und Wohnformen sind die entscheidenden Hürden, die wir nehmen müssen. Unser bisheriges urbanes Leben gleicht einem unaufhörlichen Wettlauf gegen die Zeit auf Kosten unserer Lebensqualität und wertvoller Zeit, die wir für die Entfaltung unserer individuellen Potenziale und Beziehungen brauchen. Das aufwändige Pendeln zwischen Wohnort und Arbeit, die zeitraubenden Distanzen, die es jeden Tag zu bewältigen gilt, erschöpfen und ermüden die Menschen, führen zu Entfremdung, Anonymität und nicht selten zur Ablehnung von allem, was anders ist als man selbst.

Angesichts der multiplen Krisen unserer Zeit müssen sich nicht nur die städtischen Formen, sondern auch unser Leben *in* den Städten verändern. Wir müssen uns wieder in der Nähe organisieren, auf kurze Wege und nachbarschaftliche Begegnungen setzen und Grundversorgung, Arbeit und Wohnen im kleinen Radius fördern. Eine andere Taktung, mehr Zeit für uns selbst, klimaneutrale Mobilitätsformen, Fußläufigkeit, einfacher Zugang zu öffentlichen Gütern und Diensten in einer multifunktional strukturierten urbanen Lebensumgebung sind die entscheidenden Faktoren. Daneben verfolgt unser Ansatz auch ein weiteres wichtiges Ziel – die Herausbildung einer aktiven Nachbarschaft im Sinne einer Stadtgesellschaft, die sich für ein gelingendes Miteinander einsetzt und den Ort, an dem gelebt wird, in ihren Besitz nimmt. Wohnen, Arbeiten, Versorgung, Gesundheitsvorsorge, Bildungsmöglichkeiten und Freizeitangebote gut erreichbar im Quartier sind die Voraussetzung für soziale Vielfalt, Nachhaltigkeit und ein gutes Leben in der Großstadt in friedlicher Koexistenz mit Nachbarn, Mitbürgern und Arbeitskollegen. Die 15-Minuten-Stadt steht für kollektives Engagement, Gemeinsinn, Verantwortung und gesellschaftlichen Zusammenhalt.

Die neue Urbanität ist dezentral und polyzentrisch strukturiert und Ausdruck eines ökologischen Humanismus, der für die Gestaltung eines zeitgemäßen, klimagerechten, vitalen, kreativ inspirierten städtischen Gefüges neue Horizonte eröffnet. Zu diesem Zweck müssen allerdings die politischen Entscheidungsträger einen klaren Plan entwickeln, wie sie die Ziele der 15-Minuten-Stadt unter Einbeziehung der Bevölkerung und Anpassung an die je spezifischen Standorte umsetzen und verwirklichen wollen. Das geht über reines Stadtmanagement hinaus und tangiert die Denkmuster, Haltungen und Identitätsvorstellungen der dort lebenden Menschen genauso wie die Besonderheiten des Orts, die sich in der zukünftigen Nutzung des urbanen Raums idealerweise zu einem hybriden, aber dennoch einheitlichen Geflecht verweben. Die neue Urbanität definiert Fußgänger nicht als »Passanten«, sondern als aktiv eingebundene Bewohner eines Quartiers, als lebendige Wesen, die an der Konstitution des städtischen Raums beteiligt sind, diesen mit Leben füllen und in Besitz nehmen. Männer, Frauen, Kinder, junge und alte Menschen entdecken die Lust am Flanieren wieder und erobern sich den Stadtraum, die Straßen, die Plätze und Parks auf ihre eigene Weise zurück. Sie erschaffen eine urbane Lebenswelt, in der Begegnung und Austausch im Zentrum stehen, und menschliches Maß, Zugänglichkeit und ein freundlicher Umgang tragende Säulen des Zusammenlebens darstellen. So entsteht eine neue urbane Dynamik, die unsere Metropolen revitalisiert, menschenfreundlicher macht und den Wünschen und Bedürfnissen ihrer Bewohner gerechter werden kann. Wenn dies gelingt, können wir Italo Calvinos Protagonisten getrost antworten: Ja, wir wissen, wo sie ist, die Stadt, wo die Leute leben, denn wir spüren und fühlen und erleben sie, und sie erfreut uns dadurch, dass sie uns unsere Menschenwürde zurückgibt.

Saskia Sassen

Nachwort

In Paris vollzieht sich, was vielen Spezialisten im Bereich der Urbanistik stets als *nicht machbar* galt: Eine verkehrsreiche Millionenstadt mit wirklich sehr viel Verkehr Tag und Nacht wagt den Wandel und die Verkehrswende. Das ist eine große Leistung. Und noch wichtiger ist das Signal, das an die Welt ergeht. Dass nämlich, entgegen der herrschenden Meinung, unsere in vielerlei Hinsicht überlasteten Metropolen sich tatsächlich in eine andere Richtung lenken und entwickeln können.

Die meisten Großstädte wurden Opfer ihres eigenen Wachstums, und diese Einschätzung teilen fast alle Städteplaner weltweit. Die daraus resultierende Haltung impliziert: Daran lässt sich eben kaum etwas ändern. Versuche, Abhilfe zu schaffen, beschränken sich in der Regel auf kleinere Eingriffe ins Stadtbild, indem alte Gebäude abgerissen und auf der gewonnenen Fläche dann neue errichtet werden. Das kennt man, so hat man es immer gemacht, und deshalb ändert sich auch so gut wie nichts.

Paris beweist nun, dass der Wandel möglich ist, allerdings nur, wenn mit alten Gewissheiten und Standardlösungen aufgeräumt wird. Es ist eben nicht so, dass eine enorm verkehrsbelastete Großstadt uns keine andere Wahl lässt, als ständig neue Verkehrsinfrastruktur zu erschließen. Das extremste Beispiel hierfür ist vermutlich Japan, wo Straßenausbau und Sanierungsarbeiten jede Nacht auf Hochtouren laufen, damit tagsüber der Verkehr rollen kann.

Selbst Stadtplaner, die im digitalen Zeitalter angekommen sind, konnten sich den Verkehrswandel nicht richtig vorstellen. Die beeindruckende Anne Hidalgo, Bürgermeisterin von

Paris, und ihr von Stadtplaner Carlos Moreno geleitetes tolles Team beweisen nun, dass alles möglich ist. »Si, se puede«, riefen Stadtaktivisten in Lateinamerika schon immer, wenngleich in Bezug auf etwas andere Kontexte.

Erneuerung und Veränderung sind Herausforderungen, die nie kampflos zu erzielen sind. Diesen Kampf müssen aber alle Beteiligten gemeinsam ausfechten; der Dialog mit den Bewohnern einer Stadt ist deshalb eine Vorbedingung. In einer Millionenstadt wie Paris gibt es viele Menschen mit großartigen Ideen, wie das Leben in ihren Quartieren besser und schöner werden könnte. Dort hat man auf ihre Stimmen gehört und nicht, wie üblich, über ihre Köpfe hinweg entschieden.

Das legt im Umkehrschluss nahe, dass viele städtische Initiativen, die über standardisierte Vorstellungen und konventionelle Herangehensweisen hinausgehen, von Expertenseite meist allzu leicht abgetan und übergangen werden.

Eines ist sicher: Es erfordert eine große Portion Courage, die Veränderungen, die Paris nun vornimmt, tatsächlich umzusetzen. Wir stehen vor einem Wendepunkt im Städtebau, der in die Geschichte eingehen wird, denn Hidalgo und ihr Team erbringen nichts Geringeres als den Gegenbeweis zum städtebaulichen Mantra, das besagt: In einer Metropole mit derart endlosen Verkehrsströmen ist das nicht machbar, *no way*!

Wie keine andere Großstadt ist Paris zu einem Experimentierfeld für innovative urbane Instrumente und Strategien geworden, in Hinsicht auf Verkehr, Sicherheit, Wasserwirtschaft, Abfallmanagement, Energiewende, Stadtbegrünung und mehr.

Umsetzen, prüfen, neu ausprobieren, sich auf Neues einlassen lautet die Devise dieses kreativen Ansatzes in der Stadtplanung, als dessen Vorreiter Anne Hidalgo und Carlos Moreno gelten dürfen. Nun wollen alle von Paris lernen. Immer mehr globale Städte zeigen sich entschlossen, zumindest Teile des Konzepts der 15-Minuten-Stadt zu übernehmen. Die 15-Minuten-Stadt wird zum Vorbild einer planerischen Organisationsform für Stadtregierungen, die bei der Umgestaltung ihrer Stadt das Wohl und die Lebensqualität ihrer Bewohnerinnen und Bewohner im Blick haben. Denn genau das macht den Unterschied: Es geht nicht mehr um Verkehrsprobleme, sondern um die Bedürfnisse der Menschen.

Die Soziologin und Autorin Saskia Sassen, geboren 1947 in Den Haag, ist Professorin für Stadtplanung an der Columbia University New York und Mitglied des Committee on Global Thought, dessen Vorsitz sie bis 2015 innehatte. Ihre Bücher wurden in über zwanzig Sprachen übersetzt. Sie erhielt zahlreiche Auszeichnungen, u. a. wurde sie zum Chevalier de l'Ordre des Arts et Lettres ernannt.

Dank

Das Buch führt auf eine Reise durch die Welt der Städte und ist die Synthese meiner langjährigen Forschungstätigkeit, aus der zahlreiche Aufsätze, Vorträge, Debatten, Artikel und Erfahrungsberichte hervorgingen.

»Die wirkliche Entdeckungsreise besteht nicht darin, neue Landschaften zu erforschen, sondern mit anderen Augen auf die Welt zu blicken«, schrieb Marcel Proust.[178] Im vorliegenden Buch teile ich meine Vorstellungen, Einschätzungen, Vorschläge, aber auch Erinnerungen, Gefühle und gelebte Erfahrung mit den Lesern. Es fällt mir schwer, in diesem Flechtwerk eine klare Grenze zwischen Forscher, neugierigem Menschen und Globetrotter, der ich bin, zu ziehen.

Doch ohne die Hilfe vieler anderer Menschen wäre dieses Buch nie zustande gekommen, und an dieser Stelle möchte ich ihnen danken.

Durch ein Interview lernte ich David d'Equainville kennen, der sich voller Enthusiasmus für alle Fragen des Urbanen interessiert und mich mit seiner Belesenheit und seinem Interesse an Literatur immer wieder begeistert. Er gab den Anstoß für dieses Buch und wurde zu einer Art Komplize, zum Freund und engen Mitstreiter auf dieser Entdeckungsreise.

Mein lieber Freund Serge Orru zeigte mir die Schönheit Korsikas und ermöglichte mir, dort im Sommer 2020 in einer wunderbar ruhigen Umgebung konzentriert an der ersten Fassung des Buchs zu arbeiten, gut unterhalten durch die freundschaftliche Aufmerksamkeit von Jérôme und Christophe, die unsere Verbindung aufs Schönste ergänzten. Mein kluger, gebildeter Freund Jean-François Rial stand mir mit gutem Rat und wichtigen Anmerkungen stets zur Seite.

Ich danke Dominique Alba für die anregenden, fröhlichen

und tiefgründigen Diskussionen; meine Gedanken sind auch bei Mathilde und Juliette, wenn sie diese Worte lesen.

Besonderen Dank verdienen meine Verlegerin Muriel Beyer und ihr Team: Séverine Courtaud, Sandrine Paccher, Elisa Rodriguez vom Verlag Éditions de l'Observatoire – die Zusammenarbeit war mir ein großes Vergnügen und ließ nichts zu wünschen übrig an Verbindlichkeit, menschlichem Umgang, Sachkunde und tiefem Vertrauen. Camille Couture bei Alpha (Humensis) danke ich für alles. Merci!

Nicht zuletzt gilt meine große Dankbarkeit der Pariser Oberbürgermeisterin Anne Hidalgo, die mit visionärem Blick engagiert und couragiert für ihre Stadt eintritt. Es ist das reinste Vergnügen, sie bei der Entwicklung von Ideen fachkundig zu begleiten, damit unser urbanes Leben weiter zum Besseren verändert werden kann. Auch meinen geschätzten Kolleginnen und Kollegen am Lehrstuhl ETI, am IAE Paris-Sorbonne – Didier Chabaud, Florent Pratlong und Catherine Gall –, gebührt Dank für ihre Geduld und ihre freundliche Unterstützung in jeder Lebenslage. Schließlich möchte ich auch dem Direktor des IAE Paris, meinem Freund Eric Lamarque, sowie der Präsidentin der Universität Paris I Panthéon-Sorbonne, Christine Neau-Leduc, meinen Dank ausdrücken.

Meiner persönlichen Assistentin Sandra kann ich selbstverständlich nie genug danken dafür, dass sie mir stets zur Seite steht, und ein Augenzwinkern geht hier an den kleinen Milo.

Die Liste könnte noch weitergehen, und ich will sie nicht abschließen, ohne mich bei den intellektuellen Vordenkern zu bedanken, die mein Denken beflügeln und für meine Arbeit stets wegeweisend waren: Zum einen beim großen Komplexitäts-Theoretiker Édgar Morin, zum anderen bei Saskia Sassen und Richard Sennett, zwei Geistesgrößen, die sich als Sozialwissenschaftler für eine bessere Welt einsetzen und die Soziologie der Stadt und ihrer Entwicklung seit Jahrzehnten prägen.

Ein großes Dankeschön an sie, an euch alle!

Anmerkungen und Quellen

1 Edward Glaeser, *Triumph of the City. How Our Greatest Invention Makes Us Richer, Smarter, Greener, Healthier, and Happier,* The Penguin Press, New York 2011. (Anm. d. Red.)

2 Saskia Sassen, *The Global City*, Princeton University Press, New York/London/Tokio 1991. Siehe auch Saskia Sassen, *Metropolen des Weltmarkts. Die neue Rolle der Global Cities.* Deutsche Übersetzung: Bodo Schulze, Campus, Frankfurt a. Main/New York 1998[2]. (Anm. d. Red.)

3 https://www.c40.org/de/what-we-do/raising-climate-ambition/green-just-recovery-agenda/

4 The World Health Organization, »Healthy cities for building back better.« Political statement of the WHO European Healthy Cities Network, December 2020

5 Intergovernmental Panel on Climate Change: https://www.ipcc.ch/

6 IPCC Sixth Assessment report, Impacts, Adaptation, Vulnerability, AR6–WGII, April 2022; https://www.ipcc.ch/report/ar6/wg2/chapter/chapter-6/

7 https://uclg.org/

8 https://www.uclg.org/sites/default/files/pactpourlavenirdecglu.pdf

9 United Nations Human Settlements Programme – Programm der Vereinten Nationen für menschliche Siedlungen

10 Envisaging the Future of Cities; https://unhabitat.org/wcr/

11 https://www.c40.org

12 https://www.c40knowledgehub.org/s/article/15-minute-city-initiatives-explorer?language=en_US

13 *Fabrication des villes de demain: méthode d'approche d'un territoire dans sa complexité urbaine*, Association Rêves de Scènes Urbaines, an der Universität von Paris I Panthéon-Sorbonne, IAE, Maison des Sciences de l'Homme du Nord, am 14. September 2018

14 Aristoteles, *Politik*, Erstes Buch/Kapitel 2, dtv, München 1973. Deutsche Übersetzung: Olof Gigon

15 Thomas Morus, *Utopia. (Libellus vere aureus, nec minus salutaris quam festivus, De optimo rei publicae statu deque nova insula Utopia/Ein wahrhaft goldenes Büchlein, nicht minder heilsam als unterhaltsam, von der besten Verfassung des Staates und von der neuen Insel Utopia),* Löwen, 1516.

16 Vgl. Carlos Moreno, »500 ans après la publication d'Utopie, hommage à Thomas More«. *La Tribune*, 21. Dezember 2016

17 Italo Calvino, *Die unsichtbaren Städte* (*Le città invisibili,* 1972), Hanser, München 2007. Deutsche Übersetzung: Burkhart Kroeber

18 Ebd., S. 16

19 Auguste Perret, *Contribution à une théorie de l'architecture*, Cercle d'études architecturales/André Wahl, Paris 1952

20 Clara Schreiner, »International Case Studies of Smart Cities. Rio de Janeiro, Brazil«, Inter-American Development Bank 2016

21 »[…] – und wir streiften umher, gespeist vom Wein der Keller und vom Zwieback der Straße, ich getrieben, Ort und Formel zu finden.« Arthur Rimbaud, *Oeuvres Completes*, Vagabonds, *Illuminations*, Gallimard 1972, S. 137. [Dt.: *Sämtliche Dichtungen*, dtv, München 2002^2, S. 313]

22 Gordon Childe, »The Urban Revolution«, *The Town Planning Review*, No. 21, 1950, S. 3–17

23 Saskia Sassen, *The Global City*, Princeton University Press, New York/London/Tokyo 1991

24 World Economic Forum (WEF): https://www.weforum.org/

25 Einer Erhebung des brasilianischen Instituts für Geografie und Statistik (IBGE) im Dezember 2019 zufolge.

26 Diskussion Saskia Sassen und Edgar Morin: »L'éco-complexité de la Cité«, *La Tribune* 29. November 2015; https://www.youtube.com/watch?v=jH4yvYfe1Rc

27 https://www.un.org/sustainabledevelopment/cities/

28 »Neue Urbane Agenda«, Habitat III, Quito, 17.–20. Oktober; https://habitat3.org/wp-content/uploads/NUA-German.pdf, dort Seiten 8–10.

29 Bevölkerungsfonds der Vereinten Nationen: https://www.unfpa.org/data/world-population-dashboard

30 »World Urbanization Prospects 2018«, Vereinte Nationen, Abteilung für wirtschaftliche und soziale Angelegenheiten/Bevölkerung: https://population.un.org/wup/Publications/Files/WUP2018-Highlights.pdf

31 Eurostat »Urban Europe – Statistics on Cities, Towns and Suburbs« 2016; https://ec.europa.eu/eurostat/documents/3217494/7596823/KS-01-16-691-EN-N.pdf/0abf140c-ccc7-4a7f-b236-682effcde10f

32 »The Global 750: Forecasting the Urban World to 2030«, Oxford Economics Report 2018

33 Calvino, a. a. O., S. 167

34 Ebd., S. 52

35 Siehe Nassim Nicholas Taleb, *Der schwarze Schwan – Die Macht höchst unwahrscheinlicher Ereignisse* (*The Black Swan: The Impact of the Highly Improbable*, 2007), Hanser, München 2008. Deutsche Übersetzung: Ingrid Proß-Gill

36 Nach Jane Jacobs, *The Death and Life of Great American Cities*, Random House, New York 1961. (Jane Jacobs, *Tod und Leben großer amerikanischer Städte*, Ullstein, Berlin/Frankfurt a. M. 1963. Deutsch von Eva Gärtner)

37 Paul J. Crutzen und Eugene F. Stoermer, »The ›Anthropocene‹«, *Global Change Newsletter*, no. 41, 2000, S. 17–18: http://www.igbp.net/download/18.316f18321323470177580001401/1376383088452/NL41.pdf#page=17

38 https://de.wikipedia.org/wiki/Anthropoz%C3%A4n

39 Patricia L. Corcoran, Charles J. Moore und Kelly Jazvac, »An Anthropogenic Marker Horizon in the Future Rock Record«, *The Geological Society of America, GSA Today*, vol. 24/6, 2014. https://www.geosociety.org//gsatoday/archive/24/6/pdf/i1052-5173-24-6-4.pdf

40 https://e4a-net.org/2017/11/29/welcome-to-the-molysmocene/

41 Augustin Berque, *Écoumène. Introduction à l'étude des milieux humains*, Belin, Paris, 2000

42 Nach Edgar Morin, *Heimatland Erde. Versuch einer planetarischen Politik* (*Terre-patrie,* 1993), Promedia, Wien 1999. Deutsch von Horst Friessner

43 Zwischenstaatliches Expertengremium für Klimaveränderungen, das seit 1988 allen Mitgliedsstaaten der Vereinten Nationen offensteht und [2020] 195 Mitglieder zählt.

44 »Summary for policymakers« in IPCC Report *AR5 Climate Change 2014, Impacts, Adaptations, and Vulnerability*. https://www.ipcc.ch/site/assets/uploads/2018/02/ar5_wgII_spm_en.pdf

45 »Heat Wave and Excess Mortality in Paris in August 2003, the Impact of the Socio-Economic Factors«. https://journals.openedition.org/eps/1383

46 Vereinte Nationen, *Climate Action:* https://www.un.org/en/climatechange/climate-solutions/cities-pollution

47 »Trends in Atmospheric Carbon Dioxide«, Mauna Loa Observatory.

48 »Consumption-Based GHG Emissions of C40 Cities (Verbrauchsbedingte Treibhausgasemissionen von C40 cities)«, C40 Cities 2018; https://www.c40knowledgehub.org/s/article/Consumption-based-GHG-emissions-of-C40-cities?language=en_US

49 Carlos Moreno, »Canicule: non, on ne peut pas télécharger la fraîcheur! [Abkühlung lässt sich nicht downloaden]«, *La Tribune*, 28. Juni 2017. https://www.latribune.fr/regions/smart-cities/la-tribune-de-carlos-moreno/canicule-non-on-ne-peut-pas-telecharger-la-fraicheur-741718.html

50 Stéphane Hallegatte, Colin Green, Robert J. Nicholls und Jan Corfee-Morlot, »Future Flood Losses in Major Coastal Cities«, *Nature Climate Change*, 18. August 2013; https://www.nature.com/articles/nclimate1979

51 Stéphane Hallegatte, Mook Bangalore, Laura Bonzanigo, Marianne Fay, Tamaro Kane, Ulf Narloch, Julie Rozenberg, David Treguer, Adrien Vogt-Schilb, *Shock Waves: Managing the Impacts of Climate Change on Poverty*, World Bank Group, 2016. https://openknowledge.worldbank.org/handle/10986/22787

52 Centre for Research on the Epidemiology of Disasters an der Universität Leuven (Belgien): https://uclouvain.be/en/research-institutes/irss/cred-center-of-research-on-the-epidemiology-of-disasters-0.html

53 Während die meisten Todesfälle (56%) auf Erdbeben und Tsunamis zurückzuführen sind, treten hydrometeorologische Ereignisse wie Überschwemmungen, Stürme, Dürren oder Hitzewellen am häufigsten auf. Sie betreffen etwa 63% der Menschen und sorgen für wirtschaftliche Verluste in Höhe von 71% weltweit. Vgl. Pascaline Wallemacq und Rowena House, »Economic Losses, Poverty & Disasters 1998–2017«, UNDRR and CRED Report, 2018

54 Stéphane Hallegatte, Jun Rentschler, Julie Rozenberg, *Lifelines: The Resilient Infrastructure Opportunity*, World Bank Group, 2019; https://openknowledge.worldbank.org/handle/10986/31805

55 https://worldurbanparks.org

56 https://iiasa.ac.at/web/home/research/Flagship-Projects/Global-Energy-Assessment/Home-GEA.en.html

57 https://circabc.europa.eu/ui/group/54d2e010-4fc4-4962-9113-1e7d-574f4a46/library/bd461b84-c2ab-47d5-b2ae-2ca3e833c808

58 https://www.strategie.gouv.fr/sites/strategie.gouv.fr/files/atoms/files/fs-rapport-2019-artificialisation-juillet.pdf

59 Zygmunt Bauman, *Flüchtige Moderne* (*Liquid Modernity*, 2000), Suhrkamp, Frankfurt a. M. 2003. Deutsche Übersetzung: Reinhard Kreissl sowie ders., *Leben in der Flüchtigen Moderne* (*Liquid Life*, 2005), Suhrkamp, Frankfurt a. M. 2007. Deutsche Übersetzung: Frank Jakubzik

60 https://iclei.org/

61 https://www.aimf.asso.fr/

62 https://www.ccre.org/

63 Sie gelten als Beleg für abstraktes Denken und Ausdrucksvermögen der Neandertaler: https://whc.unesco.org/en/list/1500/

64 Vereinte Nationen, Department of Economic and Social Affairs, Population Dynamics: https://population.un.org/wpp/

65 Timothy Mitchell, *Carbon Democracy – Political Power in the Age of Oil*, Verso Books, New York/London 2011

66 Jorge Luis Borges, *Das Aleph. (El Aleph)* in: ders., *Das Aleph, Erzählungen 1944–1952*, Fischer, Frankfurt a. M. 1992. Deutsche Übersetzung: Gisbert Haefs und Karl August Horst

67 Charles Baudelaire, *Der sSchwan (Le Cygne)*, in: ders.: *Die Blumen des Bösen*, Bondi Verlag, Berlin 1901. Deutsche Übersetzung: Stefan George

68 https://www.amap.no/documents/download/2987/inline

69 https://fr.statista.com/statistiques/473813/population-rurale-en-france/

70 Nach Metrocosm, Stand 4. Januar 2016
71 Jean Gottmann, *Megalopolis: The Urbanized Northeastern Seaboard of the United States*, The Twentieth Century Fund, New York 1961
72 Vgl. Edgar Morin, *Introduction à la pensée complexe*, Seuil, Paris 1990
73 Florian Hertweck, *Der Berliner Architekturstreit: Architektur, Stadtbau, Geschichte und Identität in der Berliner Republik 1989–1999*, Gebr. Mann Verlag, Berlin 2010
74 https://gp-investment-agency.com/wp-content/uploads/2019/06/GlobalCitiesInvestmentMonitor2019web-compressed.pdf
75 Fernand Braudel, *Sozialgeschichte des 15.–18. Jahrhunderts* (*Civilisation matérielle, économie et capitalisme [XVE–XVIIIE siècle]*, 1979), 3 Bde., Kindler, München 1985. Deutsche Übersetzung: Renate Nickel, Thurid Piehler u. a.
76 Peter Hall, *Weltstädte* (*The World Cities,* 1966), Kindler, München 1966. Deutsche Übersetzung: Wolfram Wagmuth
77 John Friedmann, Goetz Wolff, »World City Formation: An Agenda for Research and Action«, *International Journal of Urban and Regional Research* 6/3, 1982, S. 309–344
78 https://www.lboro.ac.uk/gawc/ (siehe auch: https://de.wikipedia.org/wiki/Globalization_and_World_Cities_Research_Network)
79 Allen J. Scott, *Global City-Regions: Trends, Theory, Policy*, Oxford University Press 2001
80 Michelle R. Oswald Beiler, »Sustainable Transportation Planning in the BosWash Corridor«, in: R. Brinkmann, S. Garren (Hg.), *The Palgrave Handbook of Sustainability*, Springer International Publishing, 2018, S. 787–801
81 John Rennie Short, »The Liquid City of Megalopolis«, in: *Documents d'Anàlisi Geografica* 55, 2009, S. 77–90; https://ddd.uab.cat/pub/dag/02121573n55/02121573n55p77.pdf
82 In *The Year 2000* wurde diese agglomerierte Megalopolis von Herman Kahn und Anthony Wiener bereits 1967 antizipiert, die 615 Kilometer zwischen NorCal und SouthCal umspannt.
83 http://sites.utexas.edu/cm2/about/what-are-megaregions/
84 https://web.archive.org/web/20100705070713/http://cfweb.cc.ysu.edu/psi/bralich_map/great_lakes_region/great_lakes_megalopolis.pdf
85 Wen Chen u. a., »Polycentricity in the Yangtze River Delta Urban Agglomeration (YRDUA): More Cohesion or More Disparities?«, *Sustainability* 11/11, 2019
86 http://www.inalco.fr/sites/default/files/asset/document/region_urbaine_de_shanghai_-_megalopole.pdf
87 Stéphane Milhaud, »Les petites villes, de nouveaux centres pour le développement territorial chinois« [Kleinere Städte als neue Zentren der

Gebietsentwicklung in China], *EchoGéo* 27, 2014; http://journals.openedition.org/echogeo/13730

88 Laurence Roulleau-Berger, »Villes chinoises, *compressed* urbanisation et mondialisations«, *Métropoles* 2018; http://journals.openedition.org/metropoles/6149

89 André Sorensen, »Tokaido Megalopolis: lessons from a shrinking megaconurbation«, *International Planning Studies* 24/1, 2019; https://doi.org/10.1080/13563475.2018.1514294

90 Andreas Faludi, »The ›Blue Banana‹ Revisited«, *European Journal of Spatial Development* 56/1, 2015

91 Der französische Geograf Roger Brunet formulierte 1989 mit seiner Gruppe RECLUS (http://geoconfluences.ens-lyon.fr/glossaire/gip-reclus) den Begriff und das Modell der »Blauen Banane«. (Anm. d. Red.)

92 https://www.metropolis.org/sites/default/files/resources/UN-Habitat_Population-Data-Booklet-Global-State-Metropolis_2020.pdf

93 Tourismus in Frankreich in Zahlen unter https://www.veilleinfotourisme.fr/observatoire-economique/france-statistiques-officielles-nationales/les-chiffres-cles-du-tourisme-en-france-edition-2018

94 http://www.atout-france.fr/

95 UN International Organization for Migration: https://germany.iom.int/de

96 Siehe https://www.womensmarchfoundation.org; https://www.pussyhatproject.com

97 Digital-Report 2020

98 Laut Angaben von Facebook France

99 Emmanuel Lévinas, *Jenseits des Seins oder anders als Sein geschieht* (*Autrement qu'être ou Au-delà de l'essence,* 1974), Karl Alber, Freiburg/München 1998[2]. Deutsche Übersetzung: Thomas Wiemer

100 Henri Lefebvre, *Das Recht auf Stadt* (*Le droit à la ville,* 1968), Edition Nautilus, Hamburg 2016. Deutsche Übersetzung: Birgit Althaler

101 Vgl. Jean-Christophe Fromantin, »Faire des villes moyennes la nouvelle armature territoriale de la France«; http://www.fromantin.com/ 2020/07/faire-des-villes-moyennes-la-nouvelle-armature-territoriale-de-la-france/

102 Vgl. Christophe Demazière, »Le traitement des petites et moyennes villes par les études urbaines«, *Espaces et sociétés* 169, 2017; https://www.cairn.info/revue-espaces-et-societes-2017-1-page-17.htm

103 Jean-Paul Roux, *Histoire de l'Empire Mongol*, Fayard, Paris 1993

104 Mongolisches Amt für Statistik 2018

105 https://overshoot.footprintnetwork.org

106 Gerardo Ceballos u. a., »Accelerated Modern Human – Induced Species Losses: Entering the sixth Mass Extinction«, *Science Advances*, 19. Juni 2015; https://www.science.org/doi/10.1126/sciadv.1400253

107 Muhammad Yunus, *Ein anderer Kapitalismus ist machbar. Wie Social Business Armut beseitigt, Arbeitslosigkeit abschafft und Nachhaltigkeit fördert* (*A World of Three Zeros. The New Economies of Zero Poverty, Zero Unemployment, and Zero Net Carbon Emissions,* 2017), Gütersloher Verlagshaus, Gütersloh 2018. Deutsche Übersetzung: Monika Ottermann

108 Augustin Berque, »La mésologie, pourquoi et pour quoi faire?«, *Annales de géographie*, 2015/5 (Nr. 705), S. 567–579; https://www.cairn.info/revue-annales-de-geographie-2015-5-page-567.htm

109 Vgl. Bruno Latours Antrittsvorlesung an der SciencesPo im August 2019 in Paris; https://www.youtube.com/watch?v=Db2zyVnGLsE&ab_channel=SciencesPo

110 Laura Cozzi, Apostolos Petropoulos, »Growing Preference for SUVs Challenges Emissions Reductions in Passenger Car Market«, IEA 2019; https://www.iea.org/commentaries/growing-preference-for-suvs-challenges-emissions-reductions-in-passenger-car-market

111 Raymond Campan, Felicita Scapini, *Éthologie. Approche systémique du comportement*, Kap.1 »Histoire de l'éthologie«, De Boeck université, 2002, S. 9–33

112 Jason W. Moore, *Kapitalismus im Lebensnetz: Ökologie und die Akkumulation des Kapitals*, Matthes & Seitz, Berlin 2020. Deutsche Übersetzung: Dirk Höfer

113 http://documents1.worldbank.org/curated/en/730971468139804495/pdf/437380REVISED01BLIC1097808213760720.pdf

114 The Urban Media Lab: https://labgov.city/theurbanmedialab/urban-world-mapping-the-economic-power-of-cities/

115 Jeff Desjardins, »35 Chinese Cities With Economies as Big as Countries« in: *Visual Capitalist* 2017; https://www.visualcapitalist.com/31-chinese-cities-economies-big-countries/

116 https://www.populationdata.net/2016/06/21/megalopole-delta-de-riviere-perles/

117 Nick Routley, »This is How the Pearl River Delta Has Transformed from Farmland into a Megacity«, WEF 2018; https://www.weforum.org/agenda/2018/08/megacity-2020-the-pearl-river-delta-s-astonishing-growth/

118 Vlad Moca-Grama, »What is the Randstad? The Complete Explainer«, *Dutch Review* 2020; https://dutchreview.com/culture/randstad- explainer/

119 https://www.stefanoboeriarchitetti.net/en/project/vertical-forest/

120 Milan Population 2020, World Population Review: https://worldpopulationreview.com/world-cities/milan-population

121 https://climate.cityofnewyork.us/reports/onenyc-2050/

122 Paul Hazard, »Les Français en 1930«, Vortrag vor der Société des Conférences am 28. Februar 1930
123 Christophe Studeny, »Une histoire de la vitesse: le temps du voyage«, in: Michel Hubert et al. *Mobilités et temporalités*, PU Saint-Louis Bruxelles 2005, S. 113–128
124 Ebd.
125 Frederick W. Taylor, *The Principles of Scientific Management*, Harper & Brothers, New York/London 1911. (Vgl. Frederick W. Taylor, *Die Grundsätze wissenschaftlicher Betriebsführung*, neu herausgegeben u. eingeleitet v. Walter Bungard und Walter Volpert, Beltz/Psychologie Verlags Union, Weinheim 1995. Deutsche Übersetzung: Rudolf Roesler)
126 Lewis Mumford, *Technics and Civilization*, Harcourt, San Diego 1934, S. 12–18
127 Lewis Mumford, *Die Stadt. Geschichte und Ausblick* (*The City in History*, 1961), Kiepenheuer & Witsch, Köln 1963
128 Emily Talen, »Charter of the New Urbanism«, Congress for the New Urbanism/McGraw Hill Education, 1999
129 Torsten Hägerstrand, »Time Geography: Focus on the Corporeality of Man, Society and Environment«, in: Shuhei Aida (Hg.), *The Science and Praxis of Complexity: Contributions to the Symposium held at Montpellier, France, 9–11. May 1984*, United Nations University Press, S. 193–216
130 François Ascher, *Modernité: la nouvelle carte du temps*, Éditions de l'Aube 2003; ders., »Du vivre en juste à temps au chrono-urbanisme«, *Annales de la recherche urbaine* 77, 1997, S. 112–122
131 Luc Gwiazdzinski, *Quel temps est-il? Éloge du chrono-urbanisme*, 2013; ders., *La ville 24 heures sur 24: regards croisés sur la société en continu*, Pacte, Laboratoire de sciences sociales (2003–2015)
132 *Le Paris du quart d'heure*, Paris En Commun, Presseerklärung vom 21. Januar 2020; http://belairsud.blogspirit.com/files/Le-Paris-du-quart-dheure.pdf
133 Calvino, a. a. O., S. 51 f.
134 Siehe auch Anne Durand, »Covid#8: Du virus mutant à la ville mutable: les possibles de la mutabilité«, *Topophile*, Juni 2020. [Deutsch etwa: »Vom mutierenden Virus zur mutierbaren/wandelbaren Stadt«]
135 Weißbuch-Projekt *Portes de Paris, ville du quart d'heure, territoire de la demi-heure, transitions urbaines et territoriales*, ETI, IAE Paris/Universität Paris I Panthéon-Sorbonne 2019
136 Edgar Morin, »Éloge de la métamorphose«, *Le Monde*, 9. Januar 2010; https://www.lemonde.fr/idees/article/2010/01/09/eloge-de-la-metamorphose-par-edgar-morin_1289625_3232.html

137 Nach Edgar Morin, *Heimatland Erde*, a. a. O.
138 https://www.bmz.de/de/service/lexikon/klimaabkommen-von-paris-14602
139 https://www.un.org/sustainabledevelopment/sustainable-development-goals/
140 https://habitat3.org/wp-content/uploads/NUA-German.pdf
141 https://www.metropolis.org
142 https://www.aimf.asso.fr
143 https://energy-cities.eu/
144 https://www.eurocities.eu
145 https://franceurbaine.org
146 https://www.moreno-web.net/france-urbaine-pour-une-republique-des-territoires-fr-es/
147 Siehe Artikel von Thierry Dutour: https://www.cairn.info/revue-vingtieme-siecle-revue-d-histoire-2004-1-page-107.htm
148 95 % aller Menschen leben in einem Gebiet, das unter dem Einfluss einer großen Metropole steht, was die urbane Lebensweise zur hegemonialen Form macht – Centre d'observation de la société, März 2019; http://www.observationsociete.fr/population/donneesgeneralespopulation/la-part-de-la-population-vivant-en-ville-plafonne.html
149 https://www.maire-info.com/demographie/exclusif-la-carte-de-l'evolution-demographique-commune-par- commune-article-21449
150 https://de.wikipedia.org/wiki/Gemeinde_(Deutschland)
151 https://it.wikipedia.org/wiki/Comune_(Italia)
152 https://www.insee.fr/fr/statistiques/3579442
153 https://www.data.gouv.fr/fr/datasets/agreste-teruti-lucas-utilisation-du-territoire-1/
154 http://www.fao.org/home/fr/
155 La sécurité sociale agricole; https://www.msa.fr/lfy
156 Edward O. Wilson, *Die Hälfte der Erde – Ein Planet kämpft um sein Leben* (*Half-Earth. Our Planet's Fight for Life*, 2016), C. H. Beck, München 2016. Deutsche Übersetzung: Elsbeth Ranke
157 William Lynn, *Biophilic Cities*, 2013; https://www.williamlynn.net/biophilic-cities/; Biophilic Cities Project Connecting Cities and Nature, https://www.biophiliccities.org/
158 https://www.cbd.int/subnational/partners-and-initiatives/city-biodiversity-index
159 https://www.milanurbanfoodpolicypact.org/wp-content/uploads/2020/12/Milan-Urban-Food-Policy-Pact-DE.pdf
160 https://www.visvabharati.ac.in
161 https://www.infoprotection.fr/supervision-sinovia-presente-plug-view-4-0/

162 Open System for Integrating and Managing Computer-Based Components Representing a Specific Functionality of a Specific Application, International Filing, 26. Juli 2005; https://patentscope.wipo.int/search/en/detail.jsf?docId=WO2007012707

163 Unter dem Dach der Vereinten Nationen in Genf: https://www.cities-alliance.org/

164 Siehe Jacques Priol, *Le Big Data des territoires*, Éditions FYP, Limoges 2017

165 Richard Sennett, *Die offene Stadt. Die Ethik des Bauens und Bewohnens (Building and Dwelling – Ethics for the City,* 2018), Carl Hanser Verlag, München 2019. Deutsche Übersetzung: Michael Bischoff. Dritter Teil der »Homo-faber«-Trilogie nach *Zusammenarbeit* (2012) und *Handwerk* (2008).

166 https://doi.org/10.3390/smartcities4010006

167 https://dutpartnership.eu

168 https://www.eiturbanmobility.eu/wp-content/uploads/2022/11/EIT-UrbanMobilityNext9_15-min-City_144dpi.pdf

169 https://www.media.mit.edu/projects/understanding-the-15-minute-city/overview/

170 https://pedestrianspace.org/about/

171 https://www.mos.ed.tum.de/sv/forschung-und-beratung/projekte/dut-projects/15-minute-city-mapping/

172 https://www.lta.gov.sg/content/ltagov/en/who_we_are/our_work/land_transport_master_plan_2040.html

173 https://www.krihs.re.kr/eng/

174 http://dubai2040.ae/en/projects-and-initiatives/the-20-minutes-city/

175 https://www.planning.vic.gov.au/guides-and-resources/strategies-and-initiatives/20-minute-neighbourhoods/20-minute-neighbourhood-research-and-resources

176 Jeremy Gibberd, »Transforming Neighborhoods to Achieve Sustainable Development Goals and National Development Plan Objectives«, in: *Go2Energy Technical Journal* 1, 2021; Jeremy Gibberd, »A Sustainable Design Methodology based on Hierarchical Design Briefs« – *Ecocity World Summit/Smart and Sustainable Built Environment Conference* 2022, Delft, Niederlande

177 https://www.c40reinventingcities.org/en/students/

178 Marcel Proust, *À la Recherche du Temps Perdu. La Prisonnière. Sodome et Gomorrhe III. Tome VI*, Édition de la Nouvelle Revue Française, Paris, 1923, S. 75. (Vgl. Marcel Proust: *Auf der Suche nach der verlorenen Zeit*, Band 5: *Die Gefangene*, Reclam, Ditzingen 2015. Deutsche Übersetzung: Bernd-Jürgen Fischer)

Bitte beachten Sie auch:

Hermann Knoflacher

VIRUS AUTO 4.0

Lebensraum für Mensch und Natur
in Stadt und Land

Mit Beiträgen von Helga Kromp-Kolb
und Maria Vassilakou

Frage: Was ist das größte Verkehrsproblem unserer Zeit?
Hermann Knoflacher: Dummheit.

Das Buch des Verkehrsexperten Hermann Knoflacher analysiert und beschreibt die Fehlentwicklungen unserer vom »Virus Auto« befallenen Gesellschaft und zeigt eindrucksvoll auf, wie die autogerechte Planung zur Zerstörung sozialer, urbaner und ländlicher Strukturen geführt hat. Trotz der enormen Umweltschäden und hohen Unfallzahlen wachsen Jahr für Jahr die Autobahnlandschaften, steigen die Belastungen durch Abgase und Lärm, sodass sich die Frage stellt, warum der Mensch sein Verhalten nicht ändert. Hermann Knoflacher gibt praxiserprobte Antworten und zeigt Wege aus der Misere auf.